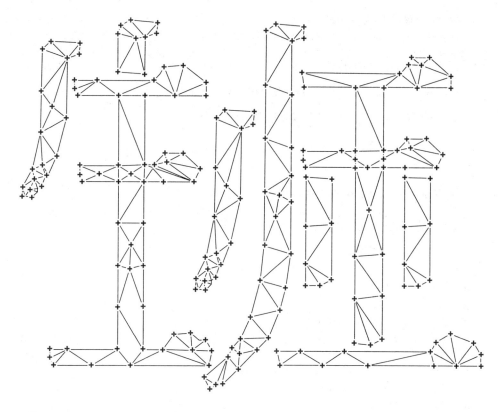

大夏书系·全国中小学班主任培训用书

从班级到成长共同体

不一样的带班策略

王怀玉 著

华东师范大学出版社
全国百佳图书出版单位

图书在版编目（CIP）数据

从班级到成长共同体：不一样的带班策略 / 王怀玉著. —上海：华东师范大学出版社，2019
ISBN 978-7-5675-8801-1

Ⅰ.①从… Ⅱ.①王… Ⅲ.①班主任工作 Ⅳ.① G451.6

中国版本图书馆 CIP 数据核字（2019）第 023627 号

大夏书系·全国中小学班主任培训用书

从班级到成长共同体
——不一样的带班策略

著　　者	王怀玉
责任编辑	卢风保
封面设计	奇文云海·设计顾问
出版发行	华东师范大学出版社
社　　址	上海市中山北路 3663 号　邮编　200062
网　　址	www.ecnupress.com.cn
电　　话	021-60821666　行政传真　021-62572105
客服电话	021-62865537
邮购电话	021-62869887　地址　上海市中山北路 3663 号华东师范大学校内先锋路口
网　　店	http://hdsdcbs.tmall.com
印刷者	三河市龙林印务有限公司
开　　本	700×1000　16 开
插　　页	1
印　　张	14
字　　数	208 千字
版　　次	2019 年 5 月第一版
印　　次	2025 年 7 月第十二次
印　　数	25101-26100
书　　号	ISBN 978-7-5675-8801-1/G·11832
定　　价	45.00 元
出版人	王焰

（如发现本版图书有印订质量问题，请寄回本社市场部调换或电话 021-62865537 联系）

目 录

序一　我们需要什么样的班主任？（杜时忠）/ 001
序二　让班主任的理性力量跃然而出（李家成）/ 005
前言　我们需要建设一个怎样的班级？/ 009

第一章　班级核心文化建设：从标签式到生成式

带班困惑　班级文化核心词，想说爱你不容易 / 003

创意策略　自我修炼，为班级文化"代言" / 005
　　　　　　把握节奏，为班级文化确立起点 / 007
　　　　　　因班制宜，提炼班级文化精神核心 / 010
　　　　　　品牌锻造，打造班级文化名片 / 013

典型案例　寻找师生共同的心灵密码 / 015

温馨贴士　班级文化建设需要处理好几个关系 / 017

第二章　小组建设：从服从安排到互助成长

带班困惑　"老师，我要换座位" / 023

创意策略　小组长、大选举，当选组长不容易 / 026
　　　　　　双向选择、自主组合，催生小组向心力 / 030
　　　　　　组内规约、小组代言，激活小组内生力 / 031

典型案例　自由选座位与组建小组 / 033

温馨贴士　莫让小组建设成为小组"毒"文化的温床 / 035

第三章　班干部培养：从选拔任命到岗位竞聘培养

带班困惑　班干部职责履行，一半惊喜一半愁 / 040

创意策略　岗位设置：刚性 + 弹性，淡化层级 / 041

　　　　　　岗前培训：竞聘 + 评聘，目标导向 / 042

　　　　　　岗位练兵：履职 + 轮岗，过程引导 / 044

　　　　　　岗位评价：自评 + 他评，激励成长 / 045

典型案例　竞选三部曲，激发班干部的担当意识 / 046

温馨贴士　让每个孩子都有竞聘实力 / 050

第四章　班级制度建设：从班主任主导到民主议事

带班困惑　"放权"了，为何还只能是"老师说了算"？ / 055

创意策略　变制度为愿景：严明变温情 / 057

　　　　　　底线规约：公民意识绘底色 / 058

　　　　　　精神成长类规则：渐进性生成 / 060

　　　　　　公共事务类规章：议事制完善 / 063

典型案例　一场辩论赛背后的自我教育 / 068

温馨贴士　民主管理中班主任的领导角色担当 / 073

第五章　师生交流：从例行谈话到多渠道情意融通

带班困惑　师生交流的迷障 / 079

创意策略　发挥师生间非正式交流的积极效应 / 081

　　　　　　借用多种间接沟通媒介 / 084

　　　　　　蹲下来、融进去，和学生"在一起" / 087

　　　　　　无声胜有声，巧妙化解师生冲突 / 089

典型案例　心里话，愿意对你说 / 091

温馨贴士　双向互动是师生情意相通的关键 / 093

第六章　班级日常管理：从惩戒式约束到导行式期待

- 带班困惑 ▎民主讨论的结果，家长还投诉？！／100
- 创意策略 ▎把握班级发展节奏：从底线规约到自主建设／101
　　　　　　改变教育视角：从行为"矫正"到接纳唤醒／104
　　　　　　顺应学生成长节律：从行为外塑到精神内省／107
- 典型案例 ▎自动自发为荣誉而"战"／110
- 温馨贴士 ▎班级管理中的"术"与"道"／113

第七章　人际交往：从单向度交往到多维度相处

- 带班困惑 ▎孩子们的心思，你可懂？／120
- 创意策略 ▎多元伙伴团／121
　　　　　　亲子、社区"俱乐部"／123
　　　　　　跨年级、跨地域结对／125
- 典型案例 ▎"几十年后还记得"／129
- 温馨贴士 ▎班主任要注意学生人际关系的协调／132

第八章　班级活动：从活动本位走向学生发展本位

- 带班困惑 ▎缤纷活动迷人眼，跟 VS 不跟／139
- 创意策略 ▎常规活动追求融通性和微创新／141
　　　　　　特色活动追求主题化和序列性／144
　　　　　　活动推进的全程性和创生性／146
　　　　　　过程实施的节点性和递进性／149
- 典型案例 ▎品牌活动造就品牌班级／152
- 温馨贴士 ▎不为活动而活动／157

第九章　学生发展性评价：从量化定性到多元激励

带班困惑 ▍ "积分兑换"的那些尴尬事儿 / 163
创意策略 ▍ 评价工具的发展与更新 / 165
　　　　　　从言行到品性的评价内容更新 / 167
　　　　　　从个体界定到群体情感态度的综合观照 / 172
　　　　　　从单一到多元的评价策略更新 / 175
典型案例 ▍ 学生的创意评价让班级更温暖 / 181
温馨贴士 ▍ 让评价成为学生成长之旅中的灯塔 / 183

第十章　家校合作：从浅层信息互通到多维互动发展

带班困惑 ▍ "老班"遇见"新问题" / 187
创意策略 ▍ "初识"阶段：多渠道促进信息互通 / 188
　　　　　　"共育"阶段：携手打通内外良循环 / 193
　　　　　　"共赢"阶段：品牌共建中同成长 / 196
典型案例 ▍ 精品活动催生精彩成长 / 200
温馨贴士 ▍ 追求复杂思维视野下的多维发展 / 203

后记　有梦自有远方 / 205

序一 PREFACE

我们需要什么样的班主任？

与怀玉老师初次相识是在2013年。当时，湖北省中小学德育专业委员会在麻城市举办一年一度的"德育论坛"，邀请她来作班主任工作专题报告。在整整两个小时的报告中，她娓娓道来，讲述她与她的学生、与她的班级一起成长的故事。现场欢声笑语，掌声连连。逾千人的中小学校长、班主任和高校德育工作者们，听得如痴如醉，讲听两忘。理所当然地，作为论坛主办者的我，就这样结识了怀玉老师；理所当然地，她给我留下了深刻而美好的印象。此后数年，武汉的一些学校多次邀请她从深圳过来作报告，我们借此机会再聚，从国家宏观教育政策说到校园教室的日常趣事，时间虽然短暂，但是如沐春风，美好依然。有时，我不免好奇，在很多老师不愿意做班主任的今天，在很多班主任叫苦叫累（因为超负荷地工作，确实异常辛苦）的今天，为什么怀玉老师的班主任工作做得如此从容、如此愉快、如此成功、如此幸福？我来不及当面请教她。现在，通过阅读学习她的专著《从班级到成长共同体》，我相信我已经找到了答案。

我历来不相信教书育人有什么"秘诀""宝典""兵法"之类的捷径，因为每个教师面对的学生是具体而生动的，所身处的环境是不尽相同的，所遇到的问题或困惑是因时因事因人而异的。不过，我们从他人的谨慎思考与行为实践中是可以得到启发的。我从怀玉老师的专著中得到了多方面的启示，可以概括为：以学生发展为宗旨的教育价值观、民主平等的教育专业伦理、静待花开的教育慢艺术、广博融通的文化修养。

第一，以学生发展为宗旨的教育价值观。一般认为，做好班主任工作，关键在于方法、策略。而在我看来，方法、策略固然重要，其背后的价值观更重要。国与国之间、人与人之间、班主任与班主任之间的最根本差异，是价值观的差异。事实上，怀玉老师在书中多处强调班主任价值观的重要性，很注重向学生传递正向的、积极的价值观。与把考试升学作为教育的最高价值不同，与把班级建设成为顺从规范的班级不同，怀玉老师的班级建设价值观是促进学生成长，开发学生潜能，创生有活力的班级共同体。

第二，民主平等的教育专业伦理。教师的个人道德对于学生成长的重要性，已经得到公认；然而，学校教育本身的道德正当性尚未引起足够的重视。怀玉老师注意在工作中传递民主、平等的班主任工作作风，在班级建设中实践民主的生活方式：比如班级制度建设实行民主议事，和学生一起开展头脑风暴，不设任何限定，讨论制定班规；比如关于"男女同桌的利与弊"的公开辩论；比如这样的班级宣誓——"我希望，在我们班，每一项班级事务都像今天这样民主决议，因为每一个生活其间的人都对我们这个大家庭担负着不可推卸的责任"。

第三，静待花开的教育慢艺术。教育是慢工出细活，急不得，赶不得，必须根据学生的成长需要，循序渐进；否则，欲速则不达。怀玉老师强调要顺应学生的成长节律，探索渐进性、生成性班级制度，摒弃简单处罚而倡导对学生个体的行为引导，特别是形成了平和的心态——"当一位班主任能正确对待学生，又能淡泊名利的时候，他的心态就会很平和，就会从容积极应对工作中所有的问题，宽容坦然地迎接每一个班级，接纳每一名与其生命相遇的学生"——从而形成了别具一格的教育慢艺术。

第四，广博融通的文化修养。阅读她的专著，发现她与柏拉图、老子、赫尔巴特、麦金太尔、苏霍姆林斯基、陶行知等教育家、思想家为伍，她向他们学习，跟他们对话，受他们的启发，从而修炼对教育本质、普适性价值的理解把握能力；我还发现她阅读了不少的教育学、伦理学、社会学、教育心理学、品德心理学等人文社科类书籍，对学生的身心发展、品德发展的特点与规律，对学生不同年龄段的成长需要，了如指掌，从而使自己的工作有可靠的依据。她倡导"基于常规、超越常规"的带班理念，正是因为有这些理论根基，她才得以在工作中超越琐细，实现术道融通之自如。

以上四点仅仅是我的体会。而本书有十章，有那么多的教育主题，有那么多的教育故事，有那么多的智慧策略，我相信，每一个读者都能从中获得启迪、获得愉悦、获得成长。

我国中小学班主任制度从萌芽到产生、发展经历了级任制、导师制、班主任制三个阶段，发展到今天，班主任的职责越来越重，角色越来越多。班主任制度为我国教育发展作出巨大贡献的同时，也面临着时代的挑战。然而，不论时代如何变幻，只要学校还存在，只要行政班级还存在，就需要班主任，特别是对于小学来讲。那么，我们究竟需要什么样的班主任呢？我深信，无论学校教育怎么改革，总需要怀玉老师这样的班主任；甚至可以说，衡量未来的教育改革成功的一个重要标准，就是出现更多的怀玉老师式的优秀班主任！

杜时忠

华中师范大学教育学院教授、道德教育研究所所长

序二 PREFACE

让班主任的理性力量跃然而出

也许在读这本书稿之前，本序的标题已经存在了，因为这是我在与王怀玉老师的多年合作中，对她的直接认识。我们一起参加"中国班主任研修学院"，投入到读书、写作与对话中；我们一起投入到"你好，寒假！"和"你好，暑假！"的研究中，感受持续的教育创造的喜悦；我们一起去广东兴宁，去和乡村班主任朋友一起探讨发展的新路。许多次的交流、对话与共事中，我能感受到她坚定、执著、全力以赴背后的那份理性力量。而在读这本书稿的过程中，这种感觉更为强烈了。

这，直接体现在作者的前言中。

如果是我自己写的书，前言部分也许会分享写作的缘由，也许会讨论当前的现状，也许会从自己的某次感悟说起；但应该不会从一个问句开始。而作者的前言之标题，就是一个问句！

这是多么难得的问题意识啊！在当前数量可观的班主任或班主任研究者所写的书中，已经有许许多多的教育故事了，已经有许许多多的感动与温情了，已经有许许多多的秘诀了，但似乎还是缺了些什么……也许，就缺了类似"我们需要建设一个怎样的班级？"这样有力度、有信心的提问！这样的问题，不拘泥于具体细节，而是直面基本问题，因此也是绕不过去的问题。试想，当我们对理想的班级形象缺乏意识时，如何保障所开展的工作的合理性？而本书作者不仅仅意识到这个问题，而且明确地提出这个问题。这样的理性提问，难得！

而这一提问，又伴随着一系列的反思和追问。作者这样写道："在班级建设方面，我在传递着一种怎样的价值观？我在建设着一个怎样的班级？我在营造着怎样的班级生态？"更让我个人欣喜的，是作者对于当前流行状态的独立思考。当很多听众、朋友争相拷贝课件时，作者并没有沾沾自喜，更没有以此为讲座成功、成名成家的标准，而是提出如下问题："可是，如果仅凭技巧就可以解决所有教育问题的话，岂不是有几本'葵花宝典'就行了，何须我们一代又一代永无止境地去求索？"

读到这里，我自己都要会心一笑了。记得有一次和王怀玉老师同台作班主任研究领域的讲座，分享各自的研究心得，因为我先讲完了，就坐在台下听她作讲座。坐在我后面的听众，似乎不大适应王怀玉老师以理性、逻辑、结构等为基础的教育创造案例分享，而期待有更多的"包袱"来开怀大笑，因此我担心王怀玉老师的讲座吸引不了部分观众。而之后的专家点评，明显不同于喜欢听故事、听笑料的听众的评价，专家给予王怀玉老师很高的评价。

这样的风格，当读者读完作者的前言，应该就能体悟到了，例如"我所定位的班级共同体，首先是一个精神共同体""我所定位的班级共同体，也是一个学习共同体""我所定位的班级共同体，还是一个生活共同体"，这是多好的结构、多清晰的语言、多有韵律感的表达、多有召唤力的价值观啊！在许许多多的班主任读物中，这样的表达能力及其背后的理性力量，也许是不多见的。

似乎写到这里，都还没有介绍这本书的核心内容与结构，但事实上，我觉得全书的风格，乃至于作者的个性，已经在短短的前言中鲜明地表达出来了。带着这份理解，敬请读者再去读王怀玉老师对班级建设十个方面的探讨，去体悟作者如何发现、如何分析、如何设计、如何开展、如何反思、如何评价，应该能感悟到更多班主任工作的神韵。

而当前的中国班主任研究，正需要这样的理性，需要理性的提问、追问、反问、反思，需要以理性的力量介入实践与研究，需要将理性的力量充实到有温情的交往与具体的教育实践之中。

这本书的出版，可以为更多有志有情的班主任提供对话的资源，提供发展班主任理性的参照，提供超越王怀玉老师当前研究水平的新起点。这，估计也是王怀玉老师所愿意看到的吧。

期待着……

李家成

华东师范大学"生命·实践"教育学研究院副院长

上海终身教育研究院执行副院长

前言 FOREWORD

我们需要建设一个怎样的班级?

作为一名时有机会面向全国各地骨干班主任或德育干部交流班级建设心得的一线班主任代表,我常常扪心自问:在班级建设方面,我在传递着一种怎样的价值观?我在建设着一个怎样的班级?我在营造着怎样的班级生态?当我努力把相关思考蕴含在互动讲述和课件、视频之中呈现给听众时,我发现部分班主任朋友对班级管理中某些具体做法更加感兴趣,比如评价标准、班级常规表等等,与会者不仅希望得到课件,更希望得到具体的电子文本资料等。

我理解一线同行们的心情。他们希望能得到"接地气"的指导,即操作性强的班级管理技巧或活动设计,希望拿来即用,迅速解决班级建设的实际问题。可是,如果仅凭技巧就可以解决所有教育问题的话,岂不是有几本"葵花宝典"就行了,何须我们一代又一代永无止境地去求索?诚然,在班级建设中,的确离不开具体的操作方法和策略,但重要的是我们要理解这些操作策略背后的价值导向,且很多具体做法仅是针对某班某阶段的实际情况而创生的,真正需要借鉴的是这些"成功"经验背后的内在机理。

如何让自己的观点启发班主任朋友们深度思考,能回到自己的工作场域迁移性地设计适合自己班级学生的系列策略,是我每次在设计和修订讲稿结构与言说方式时思考最多的问题。在决定写作本书时,我也反复告诫自己,在提供好学好用的带班策略的同时,一定要厘清这些带班策略背后的价值导向和所秉承的教育理念。

什么样的班级生态是能促进全体学生成长的？这是班级建设的价值核心问题所在。如果我们承认班级建设具有教育性，则意味着工作中我们应聚焦的就不仅仅是各类工作任务，还有活生生的人的潜能激发；班级建设目标就不应止于打造出秩序感强的规范班级，而要创生一个充满活力的班级共同体。

我所定位的班级共同体，首先是一个精神共同体。通过班级文化活动、班级组织建设等多个维度，促进学生之间，学生与班主任之间，学生、班主任、科任教师与家长、社区人士之间，平等交往、彼此尊重，相互欣赏、相互成就，组成一个心意相通的精神共同体：围绕共同的班级建设目标，结伴而行，共同感受成长的滋味。

我所定位的班级共同体，也是一个学习共同体。学生的首要职责是学习。在"互联网+"时代，每个人的思维方式和学习能力经受着新的考验和挑战。我们希望通过多学科融通性学习、班本课程开发、班级社团活动等多种渠道，打开班级壁垒，让每个学生都能参与其中并贡献自己的才智，促进学生在日常生活中学会学习、享受学习的意识与能力的形成。

我所定位的班级共同体，还是一个生活共同体。著名教育家杜威认为"学校即社会"，班级是一个小社会，学生在班级生活中应学会如何自处、如何交往、如何适应社会生活。我们通过营造温馨的班级生活，课内外融通，延伸班级生活时空，让每个学生在多元互动中学会与人交往，习得种种生活技能，提升生活素养。

鉴于此，我所倡导的班级新生态，是以促进班级内部每个人的发展为宗旨，建构一种指向师生幸福生活的教育性班级建设体系。这一价值目标渗透在班级生活的方方面面。本书拟从班级核心文化建设、小组建设、班干部培养、师生交流、班级活动、家校合作等十个层面，进行具体阐述。每个层面又通过"带班困惑""创意策略""典型案例""温馨贴士"等环节，展示班级新生态"新"在何处、如何落到实处，既有真实可感的典型案例，又通过"层层剥笋"呈现出构建班级新生态的创意策略。希望本书能对广大一线班主任如何从班级常规建设中突围，寻找到班级发展新的生长点和融合点有所帮助。

第一章
班级核心文化建设：
从标签式到生成式

CHAPTER 1
从班级到成长共同体

第二章
小组建设：
从服从安排到互助成长

众所周知，富有人性、个性的班级文化，会给学生带来更为人文的生命关怀，在引领他们学会学习、学会做人、学会生活的过程中，启迪其智慧，陶冶其性情，充盈其精神。然而，班主任对班级文化的理解和定位不同，其推进方式也迥然有别。

通常，我们把班级文化分为显性文化和隐性文化，最为显性的是教室环境布置和卫生及各种展示班级风貌的文化符号，如班徽、班歌及班训；其次是各种体现班级导向的班级制度和反映本班学生在各类活动中的参与态度及表现的作品与奖项。而班级文化最隐性的教育力量则体现在班级人际关系和每个孩子内在的精神面貌之中，所以，笔者认为班级文化本质上是一种软文化，能够触及心灵，充满着情与爱、智慧与艺术，所有外显形式都不过是软文化的某种符号。

那么，在班级文化建设中，如何提炼体现班级文化价值核心的班级精神？怎样引导学生创造性地参与到班级文化建设之中？如何让班级文化统领班级整体发展，促进学生内在成长，让班级精神转变为师生的行为准则和精神力量？班主任需要把握好显性文化和隐性文化的内在联系，把握班级建设与学生发展的关系，注重内在渐进性生成，杜绝简单的标签附加式班级文化。

> 带班困惑

班级文化核心词，想说爱你不容易

班级文化建设核心词，即通常所言的"班训"，是班级文化价值的浓缩。不同地域的学校，不同年段的班级，同一班级的不同发展阶段，班级文化核心都会有所区别。正是这种动态生成性和个性化特征，导致日常工作中，在班级文化核心定位上存在一定误区。初任班主任的小美就遭遇了班级文化建设上的尴尬。

小美走上工作岗位两年来，一直担负双班数学教学，有热情有干劲，学生很喜欢她。2018年秋季，小美被学校领导任命为四年级某班的班主任。开学初，学校要求各班进行班级文化布置，对于天生爱美爱整洁的小美来说，创意性美化、绿化教室不是难事，她也正想着让教室环境"焕然一新"呢。

小美是个有心人，她不仅留心查看了全校各班教室上学年的布置，还在网上搜集了国内外众多环境布置方面的图片进行参考，最终拿出了自己班级环境布置的规划方案。

首先，她对前任班主任的教室物品布局来了个"大更新"：图书角、卫生角、宣传栏、生日栏、评比栏……别的班级有的栏目，她都有，并在具体布局上进行了调整；教室后面的黑板，以及黑板四周的墙壁，她从淘宝网上买来装饰壁纸进行装饰，使教室后墙变成了充满诗情画意的"园林"。同时，在教室四周墙壁上增加了名人字画，还发动学生和家长带来了不少小盆栽，让教室里更有生机。

接下来，让小美老师感到头疼的事情来了：按学校要求，在前黑板上方要悬挂班训。认真的她也留意了全校其他班级的班训，她发现虽然每个班的班训表述各不相同，但共性是句子工整对仗，或名家名言，如"千里之行，始于足下"，或目标警语，如"追求卓越，勇往直前"，或精练词组，如"静、净、竞、敬"等。

按照德育主任的建议，她组织全班学生一起构思班训，孩子们众说纷纭、莫衷一是，最终她还是选用了网上的班训范本——"我以班级为荣，班级以我为傲"。

回想多年前的自己，在确定班训时也曾遭遇过小美老师这样的尴尬。班训是班级文化核心，即便没有规定必须张贴在教室某处，班主任也需要组织学生一起厘清，使其成为班级发展的精神航标。

类似小美这样将班级环境美化等同于班级特色文化的现象，并不鲜见。

那些体现班级文化的符号，比如班训、班级评比栏、环境布置等等，一应俱全，却缺乏内在的关联性和动态发展性，不过是静态的墙面装饰而已。

如何确定班级文化核心内涵，并将班级文化融通于日常班级建设的方方面面，体现出系统规划又有鲜明的外显符号？在本章中，笔者希望通过相应案例剖析班级文化内涵是如何逐步得以厘清的，班级文化内涵中所包含的长远目标是如何化为具体的阶段性实施策略的。

创意策略

自我修炼，为班级文化"代言"

班主任的价值取向直接影响着班级文化定位及工作走向。比如班主任面对不同学生不同的表现所采取的态度，处理班级事务时的轻重区分与策略选择等，不仅传递着班主任的价值理念，也直接影响着班级舆论导向。且看一个真实的小案例：

学校督察组检查卫生大扫除，六（2）班学生在操场上进行大扫除时，两个学生之间由嬉闹到打斗，不仅在规定时间内没有按要求完成打扫任务，还因彼此打斗遭到学校德育主任的批评。该班班主任气不打一处来，责罚这个组连续两周继续清扫包干区，并且当众批评那两个打斗的孩子不懂回避——什么时候不能打斗，非得要在学校检查时打斗？！

学生出现行为偏差，教师批评指正很正常。但细致推敲这位班主任的话语信息，不难发现班主任本意是想教育学生要有班级荣誉感，然而从听众角度去理解，似乎还暗含着一种学生不要在"领导面前打闹"的信息，学生会不会因此学会"见风使舵"呢？这种批评方式的确容易让人产生这样的联想。

这是一件再平常不过的小事。班主任的教育价值观，正是通过与学生随时随地交往中的言行举止来传递的。因此，笔者认为，在班级文化建设中，班主任首先要让自己有能力担当班级文化的"代言人"。

一、修炼对教育本质、普适性价值的理解把握能力

班主任不仅直接影响着学生群体生活、群体交往的质量，也直接影响着学生个性与群体性关系的形成。每个班级的独特性文化，都能在班主任价值引领下创造的班级公共生活细节中得以体现。而在各自充满独特性的班级文化背后，一定存在一种共通的普适性价值。

不管如何定位班级文化核心，它一定包含着"向上、向善、向美"这些核心理念。班主任则通过相应的班级文化建设策略，向学生传递"向上、向善、向美"的班级文化精神，把班级打造成一个师生情意相通、阳光开放的精神共同体，促进全体学生主动发展、健康成长。

围绕着这一核心，班主任要更好地协调科任教师、家长群体，整合教育资源，创造"学校、家庭和社会融通式"多维学习、生活生态，践行"生活即教育"之理念，促进每名学生更好地成长。而这一切，都需要班主任自主自为地阅读教育理论书籍，借鉴身边优秀同行的做法，不断学习、领悟和内化。

二、修炼把深刻价值理解化为具体教育实践的能力

理论化为具体实践，才更有价值。班主任要善于通过具体方式来传递自己的价值理念。比如班级座位编排，班主任如果秉承建立以"同桌、同组"等群体共同生活为基础的合作关系的编排理念，那么在编排方式、人员组合中就会围绕"小组共同体建设"这一核心开展工作，而不仅仅把班级小组作为一个班级组织小单元，小组职责也不会只局限于完成简单的收发作业或形式上的课堂小组交流了。

再如"班规"的产生方式、内容界定及后续实施策略，是班主任直接界定、介入，还是引导学生讨论共同制定，是以促成自我教育与相互教育为目的，引导学生在班级里过有规则的生活，还是为了约束学生的行为、不给班级"扣分"，这都直接体现出班主任的教育思想。

三、修炼和学生一起践行班级规约，增强公信力的能力

作为班主任，你站在讲台上、走到学生中，举手投足间都体现出你对教育的独特理解。我们希望学生成为人格健全、有责任感的社会小公民，我们自身就应该拥有一个现代公民必备的"责任、尊重、公正、善良、诚实、忠诚"等品质；我们希望学生成为有情趣、有个性、大气、有创新意识的优秀个人，我们就应该不断完善自我，树立乐观向上、豁达宽容的良好个人形象。除此之外，我们还要善于总结，不断丰富、完善、提升我们对理论的认识，内化实践，逐步形成自己的教育主张，建立起自己的教育价值观。

这一切都离不开终身学习的意识，要积极主动地接受前瞻性知识，在阅读中提升自己，在交往中丰富自己。有终身学习意识的班主任，会在与身边所有人，包括学生和家长的交往中反观和检阅个人言行及教育价值观，在不断提升自己的理论修养中实现思想新启蒙，丰盈自己的人生智慧，实现个体精神上的蜕变。当班主任形成了自己的教育信念，有了自己的教育主张之后，面对全新的学生和班级时，就会多一份底气与从容，就会明白你将和学生一起走向哪里，班级文化也因此有了根基。

把握节奏，为班级文化确立起点

班级精神提炼需要一个过程，准确把握班级文化建设根基很重要。班主任需要把握节奏，在建班之初，在班级文化形成之前，开展一系列基础性工作。

一、制定低起点、开放性班规

新接手一个班级，无论是起始班级，还是中途接班，都面临着班级公约制定的任务。中途接班，基本规约都有，只是需要强化或简化，使其更有针对性，这里重点讲讲起始班级的期初班集体建设。

班级不等同于班集体。每一届新生，学校根据人数、地域、成绩等分

成几个班，如你新接手一（2）班，这个一（2）班当前只是一个行政组织，班主任的重要职责就是要让这个一（2）班成为有着共同价值信念的班集体，这需要一个漫长的过程。期初通过建立基本的班级事务程序，用共同规约来体现基本的价值信念，是班级有序运转的关键。

1. 招募班级助手，成立临时班委

班级离不开班委会。起始班级，由于师生之间、生生之间都还不熟悉，班主任可以根据班级事务需要，用招募助手的方式，设置相应临时岗位，邀请学生主动参与到班级事务中来。小学一年级，可以根据孩子们开学第一天的表现临时指派；初一或高一，则可以用问卷等书面方式向学生征询，如可以让学生填写曾经当过哪些班干部，在新班级里，他愿意承担什么岗位等。

既然是招募班级助手，班主任尽量在开学初把班级事务考虑细致，力争让更多学生参与到班级事务中来，以便发现班干部的预备人选，创造机会让学生相互熟识、了解。

每名学生主动参与班级事务后，班主任要及时总结，肯定成绩，促进学生自我反思和自我改进。

2. 班级常规事务程序化，提出底线要求

不管是小学还是初中、高中的起始班级，对于学生而言，面对的都是全新的环境，他们都需要建立起一个基本的做事程序。可以开展如下工作：

（1）开学第一天，以任务清单方式，简洁具体地告知学生学校的一些基本要求，比如一周着装要求，上学、放学时间，午餐纪律，学具准备清单等。对于小学一年级的学生，由于家长也不懂学具型号等，班主任可以事前准备一个材料包，拍照发给家长，使其知道如何尽快指导孩子学会收拾书包，准备好学具。

（2）出台班级常规事务基本程序化要求。比如值日生怎么轮值及职责范畴，课桌内外摆放要求，上交作业时间及上交方式（小组统一上交还是个人上交），课代表怎么收发作业，路队基本要求，早上到校需要做哪些事，课堂发言要求等，明确具体地告知学生，指导学生怎么做。

（3）和学生一起讨论制定违反在校底线要求的红线警示语。开学初的

惩戒要求宜细不宜粗，目的是让学生明确哪些要求不能触犯。比如不能无故迟到，一周内迟到几次以上要怎么处理；课堂上不打扰同学的学习，违规几次将有什么形式的处理等。这些基本准则要设计一至两周的缓冲运行周期，教师对出现的违规现象应及时指出来，以强化全体同学的规约意识。

如此一来，班级就有了基本"行为准绳"，这是班级发展成为班集体过程中重要的一步，即让每名学生感受到初步的职责和义务。班集体中事务的处理，要以平等协商为主要沟通方式，尊重学生主体意愿，给予学生话语权，增强其班级身份认同感，促进"民主、尊重"班级文化底色的形成。

二、策划一次温情有趣的班级破冰活动

时下各种团队建设拓展活动中，一般都有破冰游戏。起始班级，班主任也要用心策划班级最初的破冰活动，让学生在轻松、自在的氛围中展现真我。比如基于"团结奋进"这一美好班级朝向，把班级分成几个小组，围绕班级总体愿景，分组策划，自主设计 logo、口号、班歌等，让学生带着美好憧憬，构想班级愿景，促进其主人翁意识的形成。之后再进行充分交流互动，让彼此在阐述中加深对班集体的认识。

总之，班集体的运作更多依靠学生的主动参与以及彼此间的默契与情感，学生行为更多源于自觉，受集体氛围的感染。期初，设法让生生、师生之间在多向互动过程中增进了解，为达成基础性共识奠定情感基础。

三、传递民主、平等、干练的班主任工作作风

以上策略主要针对起始班级的期初班级建设，如果是中途接班，班主任则需要有更多的教育敏感性，同时还要尽快在学生心目中树立起民主、平等、干练的工作作风，对学生个体的表现及班级整体氛围尽快形成准确的判断。

要想"摸清现状"，不妨在开学第一周有意放慢节奏，先不急着出台新政策和选聘新班干，一切让学生按照原来的基本模式运作。班主任密切关注常规运作情况，做到每日一总结，或者让分管班干部作总结，班主任留

心每名学生的闪光点,同时也要善于发现班集体的整体性优势和不足,先肯定优势,对于不足部分,以提出希望的方式引起学生的注意。

学生收到来自新班主任的认同,有利于激起更多的对于班级的主动积极的情感。在经过一周左右的常规运作之后,组织学生讨论,形成新的班级规约,发扬优势、克服不足。班主任通过这样的班级事务处理方式,让学生感受到班主任民主、平等的工作作风,为后续班级精神提炼奠定情感基础。

班级精神是共生的,同时又是鲜活的,不同班级在不同阶段塑造着不同的班级精神。同一班级在不同学生身上又体现出不同的个性风格,班级精神的建设过程,就是把各种个性文化价值整合趋向一致的渐进性发展过程。

因此,我们需要把握班级文化形成的节律,开学初的底线要求是传递班主任的带班理念。"没有规矩,不成方圆。"先通过底线规则,让一个行政组织有共同的规约,保证班级在常规有序运转的基础上,逐步过渡到班级文化的建设,这是班级文化建设培基固本的基础性工作。

因班制宜,提炼班级文化精神核心

通过建班之初底线要求的确立与推行,师生、生生之间的短期互动磨合之后,在共同规约的行为驱动之下,提炼班级文化核心已是水到渠成。班主任要根据不同班情采取相应方式来推进班级的发展。

一、起始班级:从发散到凝聚的心理定向式提炼

起始班级的班级精神提炼,从激发学生对新班级的美好向往开始,引导心理定向。

1. 头脑风暴式

所谓头脑风暴,就是围绕一个话题核心,不设任何限定,让参与者充分发表意见。组织学生对班级文化核心展开头脑风暴讨论,就是让学生围绕"心目中的好班级"畅所欲言,或者说自己最希望到什么样的班级里生

活，班主任不仅要激励学生充分发表自己的意见，还要善于捕捉关键信息、核心词板书在黑板上，再组织比对、讨论。

值得注意的是，如果面对的是低年段学生，班主任要善于使用浅近的表达，让学生易于理解，把"班级远景"换成他们熟悉的场景，如："我们坐在一个教室里，组成了一个新的家，你希望我们的家是什么样的？家里的成员之间怎么相处？"七八岁的小孩对家的概念已有基本认识，他们自然就能说出一些想法。当然一定还有学生考虑不到的地方，教师就需要进一步引导，比如我们都来自不同的家庭，我们这个班级小家属于学校这个大家等，话题自然就会延展开去。

经过此番头脑风暴式的讨论之后，班级每位成员心中对班级有了基本的定位，在此基础上确立一个班级精神核心词——班训，或者共同拟定班名，或者选定能昭示班级精神的班级吉祥物等，通过这些外显符号在学生心目中树立起比较清晰的班级文化方向，实际上它们也隐含着班级奋斗目标。

2. 从班训回到个人成长

班训（班名）确定后让学生进行第二轮思考：围绕这个班级目标，当前班级和个人需要作哪些改进和努力？需要哪些制度保障以达到预定的班级奋斗目标？这样学生的眼光就开始向内注视，回到班级、回到个人。

学生畅谈时，教师要有把握信息和处理信息的能力，根据学生的情况反馈以及与其他科任教师之间的交流，补充一些必要的学生可能疏漏的信息，然后一起讨论出基本的班级规约，制订新学期个人成长规划，这样班级文化精神就得以"落地生根"了。

二、中途接班：从点到面的节点事件讨论延伸式提炼

中途接班的班级文化建设，班主任要在了解原来班级风貌的基础上，选择是在继承中发展，还是在"破旧"中立新，而广开言路，把握时机从节点事件切入，是相对好的方式。

1. 寻找心中最美记忆：在追溯过去关键性事件中寻找嫁接点

曾经的班级生活是本班学生成长的起点。接手一个新班级，有经验的

班主任会从学生档案和之前的科任老师（班主任）那里了解班级情况，做到有的放矢。除此之外，笔者通常会用"评选过去一年中最美班级事件"的方法，让学生畅所欲言。在学生积极言说、相互补充还原之前的班级故事中，班主任会了解很多贴近学生心灵的精神敏感区。聆听中，班主任要善于从现象中梳理出学生的兴趣点和班级状态，比如班级学生都谈到运动会上同学们奋力拼搏的场面和骄人的成绩时，我们就继续追溯班级学生的运动习惯及历届运动会成绩，从个人成绩到团体项目，和学生们一起分析，个人与集体的关系，体育精神与班级精神的内在联系，一起寻找蕴含其间的精神元素。

值得注意的是，在寻找最美记忆时，班主任要有意引导学生从不同层面去回顾，比如日常生活层面、课堂学习层面、文体活动层面、师生或生生交往层面，多角度挖掘沉淀在学生记忆中的节点性事件，以便于把握班级精神脉动，寻找新起点。比如一个有文体活动优势的班级与一个学科学习力强的班级的内在发展节律是不一样的。班主任可以根据班级实际情况，科学决断出阶段性班级文化核心。

2. 新学期有意"制造"节点性事件，引申讨论

新学期开始，会有很多自然性群体事件发生，比如开学第一天到校后的大扫除和新书发放活动，第一次升旗仪式等，班主任也可以有意识地"制造"一些群体性活动，比如抛出一个话题举行一次班级辩论赛、组织一次班级才艺展示、组织一次户外活动、安排一次综合实践活动等，借由学生活动的展示和总结，结合其他教育因素，梳理出班级现阶段的班级文化核心。

笔者曾经接手一个众人口碑中的"好班"：撑门面的尖子生多，在学校各项活动中表现出色，一部分学生思维活跃，课堂氛围好。但是在开学第一天，从让班干部组织分发新书、打扫教室卫生等细节活动中，我发现本班学生对成绩差、能力弱的孩子有嘲笑讥讽的迹象；再经过后来几天的课堂发言观察，又发现本班学生急于表达个人观点，不善于聆听，对回答问题错误的同学报以嗤之以鼻的态度等。于是，我就把"相互包容、彼此接纳"作为现阶段班级文化精神核心，通过系列活动的组织与实施，强化

学生对班级文化的理解与践行。

总之，班级精神文化是班级的灵魂，是师生共同拥有的希望和追求。真正形成一个有共同的目标、有稳定的结构、有统一的规范、有正确舆论的集体，必须师生共同创造，要经过一个艰苦的历程，更需要一个共同的班级远景和一套得力的班级管理措施作为保障。

品牌锻造，打造班级文化名片

提及班级文化名片，大家自然会想到"班名、logo、班训"等具有象征意义的文化符号。这些固然也属于名片，但不属于班级品牌。一个真正有独特班级文化的班级，一定有自己的品牌活动或课程。比如雷夫的戏剧课程，他在戏剧课程编排中，融进了各种班级教育因素。我们可以从以下几个方面来打造属于自己班级的品牌。

一、扬长型

每个班集体在发展过程中，都会日渐显示出自己的独特。比如有的班级学生运动能力强，有的班级学生擅长演讲，有的班级学生酷爱音乐，有的班级学生则爱手工制作。班主任可以通过调查了解，对占有群体优势的项目进行着力培养，引导学生围绕此活动策划不同层面的活动序列。2012年，笔者接手一个合唱班，班里很多孩子从小就立志当歌星，他们不仅私下传抄歌词，还自发成立了一个小乐队，每周一起写歌谱曲，捣鼓配音等，忙得不亦乐乎。学生这种基于兴趣的自发性行为，如何正向引导使其成为班级品牌？

首先，我在班内为孩子们开了专场音乐会，一下子迎来众多粉丝，我也表现出真诚的欣赏态度。音乐会结束，继而召开班会讨论如何看待歌星梦想及追星问题，如何兼顾兴趣与学习等，一切显得自然而然。形成基本共识之后，我宣布每个月召开一次才艺展示会，每名同学都有自我展示机会，而且不限于音乐类，下一次就由首场演出的同学来组织策划全场活动。这样便向学生传递了一个鲜明的信号：要把兴趣爱好与课业学习统筹兼顾好，老师鼓励在学习之余发展个人兴趣爱好，鼓励有相同兴趣爱好的学生自由组成小社团，玩出名堂。此番要求一经宣布，孩子们都很兴奋。那个自发组建的小乐队，就开始在班级"招兵买马"，在班内组建了歌词创作组、谱曲组、器乐组、服装道具组，甚至还派生了导演组。

我借机让他们负责谱写班歌、组歌等特殊任务，让他们策划、参与学校组织的各类大型文艺活动，包括运动会开幕式的表演。就这样，我们班的音乐特色得以发扬光大。只要是校级各类演出，我们班就成为一道风景。并且，孩子们在寒暑假都已经编排了多个节目，届时只需要根据主题要求做些改编即可。

二、补短型

补短型的班级名片打造则可以从学校常规项目出发。比如接任一个学生运动能力整体较弱的班级，可以在某一阶段内，充分发挥家长的资源优势和班级学生的热情，大力推动课间游戏、阳光体育活动及班级体育社团活动的开展，并且选择一两个优势项目，进行强化训练，举行班级运动会，把班级日常运动与校级运动会等活动结合起来，弘扬体育精神，发展班级的体育品牌特色。

三、拓展型

现在各地教育资源丰富，只要善加开发利用，就会形成特色活动类型。比如某班自一年级就每月举行一次集体生日会，已成惯例。随着学生年级的升高，生日会开始由学生策划，融进各种感恩、合作等元素，带动班级学生之间的社会性交往，也密切了家校关系，从而成为班级特色。

四、融通型

班级文化一定与各学科学习相关联。有心的班主任，也会从自己所带学科出发，融通学科与班级建设，形成独树一帜的特色活动。比如，某老师自己爱好书法，班级学生也习得一手好字，于是就在班级开设书法第二课堂，他们的教室到处充满了墨香。寒假，组织编对联、写对联、送对联等走进社区的系列民俗活动,得到一致好评。再如,一个美术学科班主任,充分发挥自己的学科优势,从教室布置到作业设计,都体现绘画特色。

学生参与班级某个品牌项目活动,会形成各种正式或非正式的关系,形成带有本班特征的文化和心理氛围,这些都是进行班级文化建设的重要资源。它们会随着班集体的变化而变化,也是班级文化发展的结果,充满了促进学生内在成长的空间和契机。因此,在组织品牌活动前,我们一定要有明确的立场,不要为活动而活动,不管哪种形式的品牌设计,都只是手段,过程中都要充分体现激发学生的主动创造性和增强班级凝聚力这一根本目的。

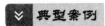

寻找师生共同的心灵密码

2005年5月下旬,我曾临时"受命"接手二年级四班,成为该班第四任班主任。由于种种客观原因,在我接手的前两周一直是科任老师兼任该班临时班主任。二年级的小朋友,没有正式班主任,班级常规混乱似乎可以理解。可是在六一儿童节前进行课本剧排练挑选演员时,我要在班内选取八名同学参加《小蝌蚪找妈妈》的课本剧表演,竟然没有一名学生敢主动举手,让人心生疑惑。我当时以为是孩子们小,不敢上舞台。直到六月中旬《丑小鸭》的公开课上,在学习丑小鸭出生后遭到身边所有人的排斥那一段时,有同学站起来说:"老师,我觉得我们就像丑小鸭,没有人喜欢我们。隔壁班老师让他班学生上操时看都不准看我们……"这引来全班同学的一致认同。我也立刻回想起某天早操时,邻班老师大概因为担心我们班做操不整齐影响他们班,大声要求学生眼睛直视,不准朝我们班这边看,没想到这些话还深深印在孩子们脑海里。

联想到接手一个月来,从科任老师或者德育处那里,听到的大多是这个班的负面信息,我方"看见"孩子们的"胆怯"症结所在。这个班常规习惯上确实存在不少问题,但因此带给孩子们的负面心理暗示,带给孩子们的伤害，近乎致命！原来六一儿童节孩子们连小蝌蚪都不敢尝试表演，深层原因不是怕上舞台，而是缺乏自信，觉得自己没有能力演好啊！

外界对一个班作为"差班"的有色眼光定位，让这个班的孩子都觉得自己什么都不行，觉得自己不够好，什么也做不好！连扮演一只小蝌蚪的自信都没有！我有些痛心，决定尽快改变这种负面暗示带给孩子们的影响。

在那节公开课之后，我立即以"我们都是好孩子"为主题，召开了一节主题班会。从与他们相处一个月来发现的每名孩子的突出优点说起，从肯定几周来班级整体常规的进步聊起，并结合绘本《爱你本来的样子》，让他们认识到每个人都是独一无二的；同时邀请家长给自己的孩子写了一封短信，用具体事实称赞孩子；接着又通过几个游戏活动，给孩子们种下"我们不比别人差"的信念。

在此基础上，我们共同讨论近期可以达到的奋斗目标：比如把路队排整齐，保持教室干净，着装整洁，课堂回答问题声音洪亮……这些我们做得到，这些我们能够做得好！让孩子们从细节行为改变中改变自己的固有观念：原来别人做得好的事情，我们同样也能做好！

那段时间，孩子们都表现得格外懂事，在日常表现中显得更加自律，因为基于"相信自己"的信念的班级规约，对于他们而言，不是约束，而是为了成为一个更好的自己，因此激发了他们的内在动力。

上述案例，真实再现了我中途接班时的纠结及该班班级精神的确立过程。后来的几年，我在这个班均是围绕"自信"这一精神核心，开展各项班级活动，包括组织建设等，促进学生积极、主动参与到班级建设中来。每个年段，在"自信"这个大框架之下，又各有侧重，比如：

三年级，侧重从评价方式入手，改变过去的评判式评价，进行"找优点"式的周评比活动，让学生在看到自己优点的同时，明确下一步努力的方向，并且努力培养一个特长或优点；引导学生发现自己和同学的优点，看到进步，明确努力的方向。

四年级，侧重文化阅读和影视欣赏的渗透，每天在黑板左侧送给学生一条励志名言，一起品读《勇气》《这就是我》等自我成长类图画书，组织观看《面对巨人》等励志影片，一起欣赏并深入人物内心，获得力量。同时，我还争取到家长的理解与配合。结合班级管理重点，每个人基于班级细则制定出自己的阶段性好习惯养成重点，及时向家长反馈孩子的阶段性进步，并让家长参与对孩子的评价，让每名学生都看到自己的进步。

五、六年级，则侧重从责任意识培养上引导学生懂得承担，做一个最好的自己。班级里有学生的义务更有权利，把班级事务细化成各种可以担当的职责，让每个学生在班级都有自己的"工作"，都有责任；通过主题班会等形式让学生明白学习是自己的事，自己的事要自己做，而且还要尽力做好，进一步激发他们的主动性。

所有的努力都没有白费，几年下来，这个班级日渐显示出自己独特的风采，越来越多的学生在各级各类活动中频频获奖，班级也多次被评为校级优秀班级，2008年还被评为南山区优秀中队。

可见，找准班级文化精神内核，就可以撬动整个班级建设机制，也能更大程度激发学生的内在动力。在这种班级文化感召之下成长的孩子，不只是遵规守纪、学业优秀的好学生，更是有自尊、有自信、有自知的精神独立的人。

> **温馨贴士**

班级文化建设需要处理好几个关系

班级文化建设过程大致要历经三个阶段，即外显阶段（精神提炼及环境布置）—内化阶段（制度规范与活动引领）—外化阶段（班级风气及学生言行）。而班级文化建设过程中常见的问题就是对这三个呈现过程的把握出现偏差，或者止于某个阶段，难以突破。为此，我们需要处理好以下几个关系：

第一，显性的物质和隐性的行为文化之间的关系。

班级文化离不开外显方式，但是，我们需要明白任何外显方式都是为隐性的精神文化服务的。

（1）班名确定。班名是班级的称号，是班级给人的第一印象。班级要取一个代表本班精神风貌的名字，班级名称要内涵深刻、积极健康、朗朗上口。

（2）班徽设计。既要简单明了，又要内涵丰富，能体现班级精神。

（3）班级口号拟定。班级口号是班级的目标期望，是全班同学的努力方向与奋斗目标。班级口号要求积极向上、富有朝气，能激励全班同学共同进步。

（4）班级环境布置。首先，班级环境布置的主体应该由教师和家长转为学生。其次，班级环境布置什么是班主任教育价值观的直接体现。清新、雅致、美观是统一追求，但是像前文小美老师那样用从网上搜集、购买的各种材料布置的漂亮教室，则只实现了单一美化物理环境的目的。能够体现班级精神风貌、彰显班级文化的教室环境布置，一定是与学生这个主体紧密相连的——以学生为设计主体的装扮，以利于学生展示为主旨的各类布局，让学生直接参与设计和完成的黑板报，由学生参与制定的班规及动态反馈评价表等等。唯有实现了学生真正参与，唯有看得见学生成长的发展轨迹，班级环境布置才会成为促进学生发展、体现班级文化的外显符号。

第二，常规工作与特色活动之间的关系。

所有班级都立于学校这个大家庭之中，班级工作离不开对校级各项常规工作的落实。如何在常规工作中体现自己班级的独特性，如何建构自己班级应有的丰富的、序列化的特色活动？班主任需要有基于常规、超越常规的胆识和魄力，科学规划、有效推进，促进家长和学生最大限度地参与进来，让班级特色符合班级发展实际，符合学生发展实际，这样才能体现价值，发挥应有作用。

第三，班主任引领和学生主动参与之间的关系。

班级文化的价值定位是班主任教育价值取向的直接体现，更应是全体学生商议形成的共同愿景。班主任要摆正自己的位置，引导学生自己去发现、去辨析、去确立、去践行。班主任的责任在于陪伴着学生选择一种积极、向上的班级生活方式。

班级文化直接体现在班级里每个人的举手投足、一颦一笑之中，体现在从教室里走出的孩子，经过一棵树枝低垂的柳树时，他是随手折断丢弃还是弯身而过，电梯门打开后，他是抢先冲进去还是礼让他人。这些细节行为体现了在班级这个大熔炉里，经受了班级文化洗礼之后，孩子们的为人处世方式。

  班级文化建设不应成为制造简单的外显符号，而应成为班主任与一个班学生之间，在一定时间内共同经营的一段精神之旅。

第二章
小组建设：
从服从安排到互助成长

CHAPTER 2
从班级到成长共同体

第三章
班干部培养：
从选拔任命到岗位竞聘培养

通过小组建设推动班级建设，是很多班主任的常规做法。特别是近几年"小组合作性学习"盛行开来，各类以小组为单位的学习、活动方式应运而生。尽管形式各异，但按就近座位组合小组是大多数老师的选择，除了前后两排四人一组的"会晤型"编排方式，还派生出了"T"形、"秧田"式等排座方式。不管哪种排座方式，都基本是把全班分为若干小组，每个小组设立小组长，由组长组织组员学习、讨论、交流，甚至作业收发等，这种方式对于同学间互动、交流的确起到了一定的促进作用。

在实际操作中，因为小组编排和组长人选多数是老师指定，尤其是小组成员搭配方面，很多班主任会把学习成绩作为重要参考标准，这种"行政"小组，组员之间内心契合度相对较低，设若小组合作任务也仅仅限于课堂讨论等学习交流的话，则易于演绎成形式上的合作，小组合作学习效果也大打折扣。

鉴于此，笔者尝试通过小组共同体的建构，激发小组成员的内驱力，让组员之间建立起深层联结，构建内在生成式新型小组文化，促进学习共同体建设。

带班困惑

"老师，我要换座位"

"老师，我要换座位。"

"老师，我不想和××做同桌了。"

"老师，请您给我孩子换个座位，同桌影响他（她）。"

"老师，……"

类似这样来自个别学生和家长的请求,相信每位班主任在日常工作中都屡见不鲜。身为班主任的您,可曾遇见过全班要求换座位的事?如果没有,设想一下,当时会是什么场面?我们该如何应对?

我不用设想,因为我亲身经历过,种种细节至今仍历历在目。

2009年秋,我新接手一个五年级班,班级男女比例比较均衡。但值得思考的是,原任七个班委中有六个是男生。课堂发言,总体上男生比女生积极。一般而言,在小学阶段,女生似乎比男生应该更"自主自立"才对,这个班男女生的表现差异相对特殊。开学不久,我就想急于解决这种"失衡"现状,我首先利用课余时间组织全体女生召开专题会议,单独做她们的思想工作,希望她们主动参与班级管理,积极投入到课堂学习中。接着在下一周班会上当众宣布:新一届班委要提高女生比例,拟选的11名小组长中,需保证4~5名女生。

我的话音未落,只听见男生一片唏嘘。有人忍不住脱口而出:"这样的话,我们男生就会暗无天日了!"

此话怎讲?我让男孩儿讲讲班级男女生之间的故事,列举令他们"唏嘘"的事实依据。男孩们争先恐后讲述自己"惨痛"的经历,归结起来,大多是和女生同桌时的种种遭遇。比如一句话说错或不小心碰了一下女同桌,她们就会怒目圆睁,或拧胳膊,或揪耳朵,更有甚者会对男生抡拳头……我认真聆听中时刻把控着局势,让男孩儿只陈述事实,尽量不带情绪,不要造成语言伤害;同时暗中观察女生们的表情,只见她们个个绷着脸,并不作多少反驳,虽显出几分羞涩,却也难掩内心的小得意。

男孩儿说到激愤处,有人提议:"我们不想再与女生做同桌啦!"此话一出,群体响应,包括女生也高喊:"我们也不想和男生做同桌!我们也希望换座位!"

教室里一片哗然。事态发展至此,完全出乎我的意料。这么多年来,排座位我基本都遵循男女搭配的原则,尽管有个别孩子会私下申请,希望和同性同学做同桌,但像这次这样全班公然抗议尚属首次。看着男女生"势不两立"的样子,我明白简单表态不能解决本质问题,我示意全体安静，平静而真诚地说道："同学们，此情此景下，我很理解你们各自的想法。不过，也请你们站在班主任的角度思考你们刚才的提议。如果你是班主任，你会如何处理？"

孩子们陷入了沉思。

我接着说："或许现在大家也觉察到了这不是简单的换与不换的问题。老师也不想草率下结论。道理越辩越明，我提议，下周咱班以'男女同桌的利与弊'为题组织一次辩论赛，或许通过辩论赛，我们能够找到合适的答案，大家意见如何？"

孩子们热烈支持，不过几乎不约而同地喊出"弊大于利！""弊大于利！"

我没有直接否决，而是顺着说："不管是弊大于利，还是利大于弊，空喊没有用，得说出道理来，这就是辩论赛的目的呀！"

经过协商，我们以抽签的方式决定了正反方。

一周准备中，我提醒孩子们采访身边的成人或高年级同学，查阅大量材料，再整理出自己的观点。为了保证辩论的实效性，我组织孩子们反复推敲辩词，增加有说服力的材料和引言，并鼓励在各自阵营里进行辩论预演，以便推敲对方如何反驳、自己如何辩驳，以此加深对观点的理解。

经过充分准备，辩论会上观点碰撞激烈。最终孩子们逐渐认识到男女同桌无所谓利弊，同桌是否能和睦相处，取决于同桌之间的相处模式，取决于双方是否能相互包容与理解，性别并不是关键性因素。

一场辩论赛，基本平复了"男女不同桌"的呼声，但是男女生之间多年的"积怨"并没完全解决。这个班同学间的人际关系还隐藏着很多问题，这只是冰山一角。

回顾整个事件过程，我庆幸自己是在有着十几年的带班经验后遇见这群孩子，才算比较稳妥地处理了男女生间明显的纷争。如果是初上讲台那会儿，面对全班学生近乎"起哄抬杠"的状态，我会不会草率决定"镇压"孩子们的"反叛"声音呢？

作为班主任，相信大家都有过这样的困惑：

孩子们心底真实的诉求与我们的常规做法冲突的时候，我们该怎么办？

沿用了多年的教育方式，突然感觉到失灵抑或遭遇学生的反对时，我们该怎么办？

比如基于班级行政小组的座位编排这件事，大家的做法是否和我过去的做法相似？——大多遵循"拉郎配"的方式，由班主任主导着班级学生编位。为了保证小组合理搭配，我们甚至在笔记本上"预演"编排，反复斟酌，然后到班级直接点名就座。

这种方式虽然班主任事前也没少做功课，在低年段或接手新班初期是比较奏效的做法，但从根本上讲这种编位方式主要是基于学习成绩、行为习惯、性格差异、身高比例等这些外显性标准，这种小组是一种行政"单位"。

尤其是当孩子们对这种编位方式有了质疑，行政小组达不到预期合作效果时，我们到底该作哪些相应调整？

所有困惑，都可以成为新方法的源头。

正因那次孩子们的集体呼吁，我开始深刻反省多年来采用的比较单一的行政小组方式，"小组共同体"也正是在这一困惑中催生的新想法。近七年的小组共同体建设中，孩子们迸发出的热情及潜能，让我倍感欣喜。

❯ 创意策略

小组长、大选举，当选组长不容易

小组长，在班干部岗位中确实算不上"叱咤风云"的角色。日常工作中，部分班主任也仅仅把小组长定位为收发本子的"跑腿工"或者小组讨论的"召集人"，在任命组长时相对随意。

正因为这样，很多班级里无论是班主任还是学生甚至组长自己，都对小组长这个角色看得似有若无，小组长的职能发挥也就可想而知了。

然而在小组共同体建设中，组长岗位至关重要。他们不仅是小组活动的领导者，又是小组活动的组织者，更是小组文化的建设者。可以说，小组长直接决定着小组发展命脉，间接影响着班级建设氛围。因此，如何选聘组长，选聘什么样的组长，需要仔细考量。我一般采取以下几个步骤来选聘组长，让所有学生感觉到组长岗位的重要性，提高担当组长的门槛，让孩子们感觉到当选组长不容易，同时也确保最终选定的小组长是班级当前最佳人选。

一、舆论造势，出台任职条件

为了加深班级学生对组长的认识，在选聘小组长之前，班主任需要先向全体同学宣讲优秀小组长与班级发展的关系，让孩子们畅所欲言"心目中的优秀组长是什么样的"，在全班共同讨论的基础上，共同制定组长任职条件。

第一，有责任心和包容心，有一定组织管理能力。一个优秀的小组必然有一个责任心、组织管理能力较强的小组长。如果小组成员学习不投入、不认真，课堂展示中不参与，小组长要能及时发现、及时进行整改。同时，组长要有包容心，每个组员都不可能十全十美，身为组长，在敏于发现组员问题的同时，还要容忍个别组员慢慢跟进，要善于引导帮扶，而非简单指责或"上报"。

第二，学习习惯好，有一定学习方法，成绩优良。小组长只有在各方面能够起到带头引领作用，才容易在组员中树立威信。因此，选拔小组长时要考虑学生的学习成绩，不一定是最好的，但学习习惯要相对好，能对组员起到榜样引领作用。

第三，性格外向，生活态度积极。小组长的性格随和外向，会带动整个小组充满活力，组长积极正向的思维方式，也便于给小组输入正能量。如在课堂展示中愿意积极主动带头展示，积极带领小组参与或设计各类活动。

第四，做事踏实严谨，对自身要求较高。小组长要管理好自己的小组，必须以身作则，做事严谨认真的态度，有利于小组细节管理落实到位。

二、"地下"动员,激发竞聘热情

高调出台组长任职条件之后,可能出现两种情况:部分孩子跃跃欲试,但可能空有热情,对组长角色的理解未必深刻;部分孩子则有畏惧心理,觉得条件过高,自己根本达不到,索性不参与。

班主任要及时把握孩子们的心理动态,分层分批进行动员。如果是首批组长选聘,还是侧重能力强的候选对象的发现与鼓励。班主任要寻找合适机会对有当组长特质的孩子进行深入动员,引导他们先对照组长职责进行自我分析,找出个人优势,如果个人某些方面还有些欠缺,恰恰可以作为个人发展目标提出来,让他们在准备竞选词时,进行自我剖析,提出个人改进目标。

同时,班主任要善于借力,可以通过与孩子家长沟通,让孩子得到更多支持和鼓励,从而提高参选热情。这个孕育阶段,实际上是最好的自我反思和自我促进阶段,班主任一定要重视这一环节工作的细致开展。

三、自主竞聘、实行差额选举

有了前两步工作作铺垫,就可以准备组织组长竞聘环节了。一个班,小组长一般 8～10 人,人数较多,所以班主任要注意调控选聘效率。一般流程如下:

(1)确定候选人及种子选手。根据班级组织建设需要,确定小组长总人数,然后通过自荐、他荐、教师推荐(确保男女生比例及身高比例等),确立出候选人。此环节要注意确保候选人要比任职人数多出 2～3 名,为差额选举奠定基础。候选人中有大家公认的种子选手,可以通过全班投票的方式,提前选出 3～5 名种子组长,这样省时高效。

(2)组织"选民"认真学习组长任职标准,提高认识。这一步,不能疏忽。组织学习组长任职标准,除了深化学生对组长职责的认识,保证投票公正,确保选出相对称职的组长以外,也能引导启发选民认识到组长职责的特殊性,看清"潜力股",不求全责备,为后续维护组长威信打下基础。

（3）组织规范、公开的差额选举仪式。选举仪式规范，同样是一种无声的教育。除种子选手外的候选人，都要认真准备竞选稿，必要时交给班主任或种子组长审核、修改。准备充分后，正式组织竞选活动，候选人演讲完毕，所有同学作为评委，进行投票，公开唱票，最后按民主决议结果按票数高低确定入围组长名单。

（4）特殊情况下要做好补选的准备工作。为了选出真正得力的组长，除了候选人与实际组长之间存在差额以外，对入围票数也要设置最低范围，或者设置男女组长基本名额，综合考虑组长的全民性。

四、庄严就职仪式与常态培训引领并举

组长入职前，班主任要对其进行岗前培训，选定一个特殊日子，让组长宣誓就职，营造隆重的仪式感，增强组长职责的神圣感。新组长就职后，最好设立一个月（或者两个周）的试用期，试用期间，班主任要加强对组长的工作培训，指导他们如何开展小组管理工作。用此种方式选举的组长，公信力相对高，只要后续指导工作能跟上，这些小组长的领导力就会得以较快提升。

五、不可忽视的常规组长选任模式

以上介绍的是笔者基于小组共同体建设选举组长的一般模式，比较适合于新接手班级或者中高年段，以及拟加强小组建设的班级使用。小组长选举流程，也适用于其他班干部的选聘。不同年段组长产生的方式有所不同，笔者再介绍几种常规、实用的组长任用模式：

（1）教师指定：低年段或建班之初试运行阶段，学生年龄小，不具备权衡选拔能力，或者彼此不了解的情况下，可由班主任临时指定一些热情主动的学生担当组长，以便临时过渡，慢慢调整。

（2）毛遂自荐：老师在评选组长前，先给学生做好思想动员工作，引导学生认识到当组长是一次很好的锻炼机会，如当组长可以锻炼自己的语言表达能力、组织管理能力，能增强自己的责任意识，可以锻炼自己的胆量等，然后再让学生毛遂自荐。自己乐于做的事情做起来会心甘情愿，即

使被同学误解、老师批评，他也会相对容易化解。

（3）组员民主推选：群众路线同样适用于班级管理，可以放手发动学生民主推举胜任的学生担任组长。自己推选的带头人更具有感召力，同学们更乐于服从管理。这种选拔组长的方式有利于培养学生的民主意识。

（4）班级竞选：适合班级学生热情高、主动参与面广的班级。通过演讲、民主投票，最终确定人选。

班主任可以根据班级实情，灵活采用相应的选任方式，也可以几种方法组合使用。

双向选择、自主组合，催生小组向心力

组长确立后，接下来是小组成员的组合工作。低年段，直接由班主任根据学生构成进行搭配编座位，出台小组管理规则，指导小组长执行组规，并在执行中慢慢学会管理。常规编排座位的方法一般有以下几种：按身高安排座位，体现人文关怀；男女搭配安排座位，便于性别互补；按学习成绩安排座位，便于进行帮扶；按性格来安排座位，便于性格互补；阶段性前后滚动调整座位，体现公平。

在具体编排座位的过程中，有经验的班主任总会综合考虑上述因素，进行协调编排，同时也尽量照顾到一些有特殊需要的孩子，比如视力和听力有障碍的学生。

教师统筹安排，带有一定强制性，学生处于被安排角色，即便在理论上座位编排很公平，但由于学生没有主动参与选择，对组员的情感认同度不高，甚至有抵触情绪的现象并不鲜见。情感上缺少认同与接纳，就为后续小组建设埋下了隐患。

因此，笔者在中高年级编排座位时，习惯采用自主组合成立小组的方式：首先让学生做到情感上融通，再根据小组组建规则，进行双向选择，为后续小组建设奠定情感基础。具体做法如下：

第一，事先出台小组组建底线规则。

（1）性别搭配：每组尽量保证两男两女，因班级男女比例原因允许个

别小组男女比例为3:1，但杜绝4:0。

（2）能力调配：每组基本保证一特优，二优良，一后进。

（3）身高权衡：请组长考虑自身身高组合人员，选择四人在班级的座位区间，身高宜相差不大。

（4）特质中和：考虑性格互补、特长互补等因素，关键是兴趣相投，愿意为自己的小组共同努力。

第二，自由酝酿、双向组合。

小组组合底线规则出台以后，给学生1～2天的学习和自由酝酿时间，让组长和同学之间充分接触，权衡底线规则，招募组员；每个同学也根据小组编排底线要求，主动向心仪的组长表达意愿；组长要综合考虑成员构成，初步确定人选。

第三，小组申报，教师审批。

自由组合完成后，由组长带着组员到班主任处申报审批，班主任根据全班小组组合情况，进行适当调控，比如班干部的分散问题、组际间的综合均衡问题，对于不符合底线要求的小组，引导其重新选择。

实践证明：班主任根据学生各方面情况及主观愿望，让学生相对自由地选择座位，能很好地克服常规编排座位时出现的种种问题。因为在自主选择前，班主任出台了科学的座位编排标准，给了学生充足的自主酝酿时间，这种自主选择组合小组的方式深受学生欢迎，双向选择的契合度也较高。值得注意的是，要引导学生认识到，自由组合时要从便于学习、改善同学关系、关照其他同学等方面综合考虑。

组内规约、小组代言，激活小组内生力

经过上述步骤，小组建立起来了，如何引导各个小组全体成员在小组建设中获得共同成长，彼此包容、彼此欣赏，而不是相互制约、相互监督？这就要涉及小组文化的营造了。笔者通过"小组规约""小组名片""小组循环故事""自我申报特色小组奖项"等形式，促进和谐小组文化的形成。

一、小组规约,"私人定制"

除了班级规章制度外,一定要让每个小组制定自己的小组规约,组内成员工作分工,由小组成员讨论决定,小组规约亦然。班主任可以给每个小组准备一个小组工作笔记本。建议在小组成立当天,下发到各组长手中,让组长组织召开第一次小组会议,商议小组规约。

为了让小组规约有针对性,班主任先在班级引导讨论制定出班级基本公约,小组以此为参照,细化要求。引导学生制定出组员喜欢的小组激励方式,进行组员评价。鼓励"私人定制"式的小组规约,即针对组员特点,对某个同学的特殊表现给予重点关注。比如某个同学习惯性迟到,小组就专门为他制定这样的规约:"如果一周内迟到次数控制在1~2次,就……";"如果做到一个月内从未迟到,就奖励……"。规约可以由迟到者和组员约定,不过在尊重本人意见的同时,应兼顾底线要求。

二、小组名片,为小组代言

为了提升小组成员的精神融合度,在小组度过了磨合期(一般1~2个月)后,组织各小组制作小组名片:找一个组员认同的体现小组优势的核心词(代表物)给小组命名,讨论小组宣言,相当于小组共同愿景。这项活动可以给学生1~2周时间,让他们反复推敲。推敲的过程,就是精神融合的过程。

小组名字和宣言得到组员认同以后,每人准备一张能够体现自己个性的照片,一起制作小组名片电子版,并由小组代表在班上讲述各自小组名片的寓意,然后打印张贴在教室公告栏内。

三、循环故事,小组精神纽带

为了促进小组成员之间的相互了解,我一直在班级推行以小组为单位的各类活动。比如每月的小组才艺展示、课堂上随时抽查的小组朗读或背诵、小组循环故事等。为了强化小组意识,我和科任老师协调,各科学习评价也多以小组为整体评价单位,比如进行作业评价时,公布的是某某小组怎么样，评选项目除了优秀个人，还有优胜小组，以此让小组成员产生"荣辱与共"之感。以我坚持数年的小组循环故事为例：统一为每个小组下发一个循环故事本，每天由小组某个成员承担书写任务，第二天交给第二位，其实也就是故事接力，所不同的是，每篇故事（文章）小组其他三名成员次日都必须阅读，并要在文后留言进行评价。评价字数和形式均无限制，只要体现自己真正阅读过，并真诚表示对书写者的鼓励和回应即可。

每个组员之间，每天都有这样一个精神纽带，是不是充满了正能量？这样的故事接力，不仅仅是锻炼了孩子们的表达能力，也在无形中增强了学生的自我教育和自我激励。

四、自我申报特色小组奖项

小组运作到成熟阶段，为了提升孩子们的小组意识和荣誉感，可以进行特色小组评比：每个小组自行申报小组特色奖项，自己为自己撰写获奖词（类似于颁奖词）。结合每月小组才艺展示活动，由全体小组成员上台演说他们的申报项目，只要是申报项目与小组特质吻合都予以通过，以此推动小组文化向纵深发展。

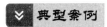

自由选座位与组建小组

新学期开始了，我向全班同学征求编排座位的最佳方案。有孩子提议能不能自己选同桌、选小组，过去编排座位的方式由于具有一定的强制性，个别小组凝聚力不强，有些小组内出现不和谐的现象，主要是因为不是自己想组合的那几个人……同学们说得很有道理。我把自由组合可能出现的问题说出来，大家进行了商讨，最后初步商议出这样的方案：先由老师提名小组长，再由小组长根据编排座位的几点基本原则，自由组合组员，每个人都可以选择自己想参与的小组，只要双向选择、搭配符合要求的，就给予批准。

全班同学齐呼:"王老师万岁!耶!"我的座位我做主的自主编位方式就这样拉开了序幕。

首先由班主任宣布由科任老师公投选举出的 8 名种子小组长;再由班主任提名 4 名组长候选人(两男两女),由全班投票选出一男一女就职。(这既相对节约了时间,又尊重了群众意见)。

组长确立后,我在大屏幕上出示"选聘底线规则",让全班同学默读。

规则一经出示,教室里顿时安静下来。只见每个孩子都认真地阅读着,琢磨着,掩饰不住地兴奋着。等他们都了解了选聘规则之后,我宣布:选座位活动现在开始,请小组长出列,开始招募组员,自愿组合成功之后上报班主任审定,合乎上述标准即组合成功。

规则一经下达,教室里热闹非凡。首先是小组长的士气大涨,无论是种子选手,还是海选得主,他们都感觉到了自己的群众基础,雄赳赳气昂昂地站起来向自己意向中的组员伸出橄榄枝;组员更是跃跃欲试,兴奋不已,同时也有几分小心,因为他(她)在掂量自己属于哪类角色,会被谁挑去,看得出个个满怀期待又心有忐忑。

我静静地站在讲台上欣赏着台下一时的"骚动"。我发现,这一招实在不错,孩子们的自我认识能力、协调能力、全局意识(他们同时还要考虑对子组的挑选问题)一下子全部得以激发。热烈之中,不乏深思,因为他们不得不考虑小组规则和个人条件与要求,否则即使好友、哥们儿聚结在一起,只要是条件不符也是不能获准的。所以,我看到无论是组员还是组长,个个兴奋中夹杂着点点紧张,常常是把手伸到半空又缩回来,挠挠后脑勺⋯⋯

最先组合成功的是"月月组"。这是一个特别的组长。她坦诚介绍说选聘了两位朋友,她们成绩都属中等,但各有优势,她相信她们会共同进步;还选了一个"潜力股"男一号(聪明但因贪玩儿成绩一般)和男一号(班级内暂时最落后的 Z 同学)。在"组阁"时我还担心 Z 同学会不会被冷落呢。没想到月月首先挑走了他,月月丝毫没有勉强的意思,她说自己家与这位同学家距离近,她愿意帮他,我深受感动。

当我宣布"月月组"组合成功后,大家看看她"组阁"的成员,个个若有所思，大概都觉得她很有担当，敢于把 Z 同学挑走，很多小组长似乎得到了启示，接下来场面更热闹了。我发现几名性格内向、成绩暂时落后的同学竟然有好几位组长在向他们招手呢。

终于又有几个组组合成功了。因为班级有 43 人，这就意味着有三个组是五人，性别差是 1，即 2:3 或 3:2。慢慢地又有三组组合好了，只剩下一组在那里发呆。

一看，哈！还剩下四个小子。这个组长（中队长）工作很负责，就是比较羞怯，等他鼓足勇气去邀请女生时，女生早就被别人"抢"走了，只剩下了四个男孩儿，他们不敢上前来申报。大家兴奋之余回头一看，也傻眼了，生怕因为这一组不合要求拆散他们的组合。怎么办？看看其他小组生怕被拆散的紧张模样，我认为自己也不能出尔反尔，就留下这个"四小龙组"，当即送给他们一个名字——"小虎队"。

各小组组合成功后，接下来就是安排座位区间了。由于在选取种子组长时，我已经对组长的身高有了高矮兼顾的考虑，因此这一环节，我根据身高等总体协调原则，划定了小组座位区间。因为制度在前，小组座位区间选择很顺畅。

小组长带着组员兴奋地奔向各自的座位区间，开始组内自由选座位。这个环节也很顺利。不一会儿每个人都有了新座位，从他们的表情上看，一个个依然沉浸在兴奋之中。紧接着我要求各小组召开第一次秘密会议，讨论小组章程，下周一张贴于教室公告栏，并安排第二天各自穿上自己喜欢的衣服，进行小组合影，为即将开展的对子组评比造势。

就这样，深受欢迎的选座位活动，在一片祥和的气氛中结束。

> **温馨贴士**

莫让小组建设成为小组"毒"文化的温床

积极向上的小组文化，引领着每个组员健康成长。但在日常工作中，也常常见到一些小组建设误区所形成的"毒"文化，带给孩子们种种负面影响。常见的小组运作模式误区有：

让小组成员间相互监督，组长负责记录每位同学在课堂上的不良表现，并进行扣分；

让各小组相互监督，看看哪个小组违纪次数多，相互扣分，最后以得分多少评选优胜小组。

这种监督式的小组运作模式，不利于同学间友好关系的形成，损害同学之间的相互信任，也严重破坏班级的安全磁场。在班级生活中，学生内心缺乏安全感，不知道何时自己言行不慎，就会被记录，就会被"告密"。长此以往，很可能会扭曲孩子们的心灵，在班级形成一种"毒文化"，从而与我们追求的人人拥有尊严感和幸福感的班级生活背道而驰。

在小组建设过程中，我们一定要杜绝此类现象发生。提出建构小组共同体，就是为了扭转常态下多以监督、检查为目的的小组管理制，通过各种活动和评价导向，促成小组成员之间情意相通，学会彼此包容，学会用欣赏的眼光去看待身边的人，从而让合作学习真实发生。

小组终将生成何种小组文化，与班级文化建设的大背景密切相关。对于小学生而言，让他们欣赏一个在他们眼里"缺点多多""麻烦多多"的组员，是有困难的。怎么办？班级可以出台激励性评价措施，让那些"麻烦多多"的组员有机会通过后续努力减少"行为过失"给小组或班级带来的负面影响；可以通过多元评价方式，让不同资质的孩子的特长都得到肯定，通过自己的特长为小组或班级争光……具体的操作策略将会在第九章"学生发展性评价"里详细介绍。

第三章
班干部培养：
从选拔任命到岗位竞聘培养

CHAPTER 3
从班级到成长共同体

第四章

班级制度建设：
从班主任主导到民主议事

曾经见过一张关于班主任对班干部期望的问卷调查分析表。问卷给出了四个方面的选项："做好示范，以身作则；做好班主任的小助手，管好班级；自主设计、组织班级活动；学习如何做干部、提高能力。"统计结果表明有55%的班主任选择了"做好班主任的小助手，管好班级"，18%的班主任选择了"做好示范，以身作则"。同一问卷发放给学生，学生反馈的班主任对班干部的角色期待与上述问卷结果也极为相近。大家深入思考这个问卷结果，会引起我们对班干部培养问题的一系列思考。（李家成：《班级日常生活重建中的学生发展》）

班干部培养是班级建设中的重要内容之一，通常情况下，班主任通过选拔、任命责任心强、有组织能力的优秀学生承担班级事务，而比较忽视通过班级岗位锻炼促进学生领导能力的发展，从以上问卷反馈中可以明显看到这一定位倾向。当前，班干部产生的方式也开始倾向于"竞选"的民主方式了。

深入实际，我们便会发现无论组织形式表现得多么民主，选来选去还是以能力强弱为根本标准，而没有通过岗位建设或干部选拔方式的变革促进学生能力的提升。这样的干部选拔方式并没有带来根本性变化，更有甚者因为竞选活动中有才艺展示和拉票等环节，实施过程中异化为个别学生的人气和才艺秀场，弱化了岗位本身的教育培养功能。

本章旨在探讨如何通过班级岗位建设，在学生参与班级事务承担过程中提升其领导力，促进学生在多种角色体验中、多元人际交往中获得个人发展。

> 带班困惑

班干部职责履行，一半惊喜一半愁

媛媛老师刚送走毕业班，迎来了一个二年级新班。开学第一天，媛媛老师就遇到了麻烦事：班长转学了，需要临时找孩子做替补，孩子们热情很高，很多孩子都举手争当班长，经过民主决议，选出了孩子们公认的乔乔。可是，接连几天，交代给乔乔的几件事都没能很好地落实。不仅是新上任的乔乔出现了问题，早读、路队、卫生等分管干部在对应岗位上，也不时漏洞百出。

再看看邻班小干部，每天早上到校后"威严"地站在讲台前，提醒各组上交作业，之后又组织同学们早读，一切井井有条；早操铃声一响，体育委员马上组织同学们列队出发去操场……媛媛老师非常羡慕，向同事讨经验。

不承想，过了几天，这位邻班班主任竟然遭到了家长的投诉——说该班班主任赋予班干部的权力太大了，理由是某天该班班干部在管理班级早读时，用书打了同学（她儿子）的头，还说班干部管理同学时语言比较"恶劣"，嗓门太大，颐气指使，这样会导致班级生态失衡，类似他家这样的孩子在班里就得不到平等的学习交往权利。

同事们愤慨，毕业三年的媛媛更是陷入迷茫。在她的职业词典里，培养出一批得力的班干部，不仅能够锻炼学生的领导力，推动班级自主管理，也是解放班主任的重要方式。应该说，小学生在二年级就有了管理能力，且有威信，是多么可喜的事情。对于二年级小朋友来说，管理时有时不严厉，同学们个个嬉皮笑脸，小干部们确实也没办法。然而，站在家长的立场，这位家长讲得也有几分道理。媛媛回忆道，自己路过该班时确实也看到小干部让同学罚站的情形。

班干部的职责权限和底线到底怎么设置？班干部履行岗位职责时，班主任需要给予怎样的引导？教师、家长和全班同学怎样看待班干部的负责任与"霸道"之间的差异并给予适当引导？班级里的班委会到底如何运作？

这些都是我们班主任需要认真思考的事情。

当下，班主任在班干部培养工作上需要更新观念，改变一些传统做法，进一步明确班委会职能，认识到培养班干部"不是为了学生帮助班主任，而是让管理、制度本身成为一种教育的手段和力量，开发学生的潜力，帮助、促进每一个孩子更好地认识自己，实现主动、健康发展"（张向众、叶澜：《新基础教育研究手册》）。有了这样的思想认识，在岗位设置、岗位实践和岗位评价等诸多方面都会有新的思考和实践。

> 创意策略

岗位设置：刚性＋弹性，淡化层级

班级岗位设置、班委会选举是班级组织建设的核心内容。不可否认，每个人都有各自的独特气质，但并不是每名学生天生就有领袖气质。那么，如何通过岗位设置带动班级学生对岗位职责全面认识，并且按照自己的能力和意愿主动参与到对应的岗位中来？

第一，班主任要对班级岗位设置进行反思和重建。比如，每个班级都存在的班长、学习委员、体育委员、中队长等职位，属于班级管理岗位，确实需要有一定组织能力的小班干承担，并且在一定阶段内最好固定人选。

除了这些常规管理岗位之外，班级还需要设立服务岗位，如管理教室门窗、植物角、图书角、卫生角、教室电源、投影仪等等一系列具体事务的岗位等，则可以鼓励那些"听话，内向"的中等生承担。

第二，要让学生明确班级岗位及职能。工作中，对于班长、体育委员等刚性管理岗位的职责，可以先组织学生讨论，比如他们心目中的"班长""学习委员"应该是什么样的，应该完成哪些职责。如果是中高年级学生，还可以让现任班干部用"述职"等方式切入，引导学生思考各个岗位对应的职责，哪些方面现任班委已经做得很好了，哪些方面因为班级实情，班委还要相应加强。经过讨论，形成核心岗位职责说明并确定下来，班主任甚至可以把岗位职责打印出来张贴于教室或下发给学生。低年段学生，班主任则可以先明确告知同学们各岗位所需履行的具体职责，再让学生根据职责要求进行选举。

第三，需要学生主动参与到班级服务岗事务之中。对于班级服务性岗位，可以先由学生自己发现班级需要设立的服务岗位，并且自己给发现的服务岗位命名，自我申报相应的服务岗位。班主任根据学生的申报情况，确认对应岗位所需人数，再组织学生简单明了地归纳出对应岗位的基本要求。

上述班级岗位设置中硬性岗位和弹性岗位的设置方式由班主任根据自己班级学生的实际灵活决定。不管何种方式，最终都要让全体学生明确每个岗位对应的职责，并要讨论岗位实施评价问题。实施中根据班级发展需要，实行动态管理，有的岗位可能是阶段性的，结束后组织学生再发现新的服务岗，或者对已有岗位职责进行调整。

岗前培训：竞聘+评聘，目标导向

当前班委建设中依然存在着"特权意识"及"少数学生的舞台"等现象，究其原因，主要与班主任对班委的作用及价值定位认识有关。近些年来兴起的"班干部竞选"制度，从理论上讲给了学生一个平等参与民主选举的机会，但是如果岗位设置不变，如果不关注历年参选对象的差异，依然可能只是少数有实力的学生之间的PK，竞选流程也不过是班干部选拔的另外一种活动形式而已。由此可见，要想借由班级组织建设推动全班同学参与班级组织管理和建设的热情，提升其管理能力，不能只是在班干部产生方式上进行变革，更重要的是观念上的变革，是选举制度的完善和岗位设置的改进，是对现有民主选举制度的实施策略的完善。以民主选举为例：

第一，确立选举规则。除了确定固定的选举时间外，还要制定一个轮岗制度。当然，制定轮岗制度是个细致活儿，有以下细则规范需要班主任特别留意：

（1）限定每名班干部的任职期限，在同一岗位任期最多不超过一学年。一年期限到，不再任职原岗位，正式竞选前一个月申请轮岗职位。此机制是为了确保同一岗位有更多同学能得到锻炼。

（2）选举前公布本次选举岗位及人选人数。一般而言，选举主要是针对核心岗位进行的，也可以是服务岗位的分块负责人。为了确保选举的有效性，可以分岗位分时段选举。即根据所需竞选岗位，确定不同岗位竞选时间段，把班级阶段性所需的重要岗位放在首要位置，加大宣传力度，走正规程序。后续部分服务岗位在形式上则可以相对简化。

第二，明确竞选流程。加强竞选前的全员培训，让全体同学明确竞选流程及评选标准是保证竞选有效进行的又一重要环节。

（1）做好选举前的宣传发动工作。为了确保选举时参与面广，班主任可以在选举前两周出示本次选举岗位及人数，让学生通过口头或书面形式预报名。这一步有利于班主任掌握参与选举的实际人数，随机调控。比如，主动报名的人数不多，班主任就要私下找同学或其家长聊聊，给孩子打打气，鼓励参与，指导选择岗位并撰写演讲稿。如果报名人数很多，则可以进行正式选举前的预选举。

对于候选人的产生，根据学段差异，还可以灵活采用多种选拔方法。比如低年级，可以用指派法；中年级，可以采用选举法；高年级，则比较适合竞选法、自荐法等。

（2）做好竞选者的竞选稿的定位指导工作。竞选稿可以慷慨陈词，但核心内容应该是对所竞选岗位的职责认识及履职规划。班主任在班级首轮竞选活动中要注意指导选手们认真撰写竞选稿。

（3）培训"评委"。除了指导参选者以外，班主任也要组织全体同学明确选举规则，即选举的标准。当前，很多班级竞选会有一个才艺展示环节。这个环节固然让竞选活动变得生动鲜活，但也有因为同学们看中了某名同学的才艺表演而忽视了他的领导才能而误选的现象。

还有一个现象值得注意：有的学校或班级为了让学生体验到"完整的选举过程"，便设置了拉票环节。本来此环节可以锻炼学生的社会交往能力，如果操作中没有事前对学生进行选举标准培训，学生不明白选举出的"班长"或某委员所应该承担的职责及基本标准，心智发展中的中小学生根据个人好恶、按人情投票自然是难免的。

岗位练兵：履职+轮岗，过程引导

重视岗位培训，不只是发生在小学低年段，每个阶段的班干部在处理"干群"关系和策划活动中，其思维方式和处事方式，都需要我们给予相应引导。日常工作中，班主任要坚持做好岗位练兵，让班级岗位成为学生成长的阶梯。

第一，指导班干部自我提升和完善。在班干部培养工作方面，有一些共性要求，诸如德、智、体各方面都应较好，有一定的工作能力和号召力，有较好的人际关系等。班主任还要根据学生干部的个人特点区别对待，比如有的组织能力强但自我管理能力较弱，有的自身学习能力强但协作能力不足等，班主任要让班干部们认识到"自己是最好的制度"，在履职过程中从严要求自己，努力做更好的自己，成为班级榜样群体。

第二，指导所有干部要能胜任现任岗位工作。指导班干部在现任岗位上提升组织、协调能力，更好地开展工作，除了通过岗位职责引领其履职之外，还要形成干部例会等常规，引导班干部们养成自我反思、提高的习惯。例会上由班干部作自我总结，除了总结分管的班级事务，更要汇报自己在本周工作中遇到的难题及解决方法，是否有哪些方面没有处理好，需要得到什么帮助或者是否有了新的调整方案。

与此同时，班主任也需要密切关注每个班干部的履职情况。不是特别紧要的事情，尽量不要给予负面评价，尽量正向引导每个干部大胆开展工作。总结会上，通过干部自省式的发言，班主任可以更进一步了解到每个人对岗位的理解等，可随机给予指导，助其明确下一周工作开展的有效策略、更新和自我提升的要点。

第三，实行轮岗前述职制度。核心班委任期在开学初或者在竞选工作结束后，就讨论确定下来。一般而言，班级核心管理岗位一学期轮岗一次较为适宜，服务岗及临时岗位根据事务需要定期轮换。

不管任职时间长短，都要安排述职环节。一般在任职最后一个月之前，就开始准备述职，同时申报拟轮换岗位。如果轮换岗位出现"扎堆"、分配不均等情况，可以召开班委会讨论决定，如果都是成熟的班委，某个时段也可以采取抽签换岗位的方式，这样更加考验人，当然也更有吸引力。

轮岗前岗位确定之后，依然要重视岗前培训。笔者把这个阶段的培训转交给了学生，即选择一个特定日期，进行"交接仪式"，让前任班干部和现任班干部办理交接手续，这也是督促学生反思、相互学习、群体交往的绝好时机。

岗位评价：自评+他评，激励成长

促进班委会良性运转，科学评价是保障。所谓科学评价，是指以评价促进发展，促进成长，而不是简单地评判得失。对班委进行评价可以采用以下几种方式：

第一，自评。每周固定时间，召开班干部例会，让每个小班干对自己一周的工作进行回顾。自评也可以分为口头自评与书面自评两种方式。口头自评，多用于干部"民主生活会"上，每个干部对自己的工作进行回顾，某一名班干部阶段性工作完成后也可进行口头自评。组织专题会议，先由对应的班干部作回顾，之后大家再发表各自看法。为了让评价成为常规，最好还要进行书面评价。一般而言，一个月书面评价一次比较合适。事前制定好标准，大概包括班干部对自我言行的反思、对所承担职责的效果分析，以及对阶段性工作的简要小结。

第二，他评。包括同学、老师和家长的评价。他评宜侧重质性评价，从发现优点和提出建议两方面进行评价。他评最好制定出对应表格，定期评价，并要署名。同时，班级也可以设置意见箱或者悄悄话本，鼓励每个同学用别人易于接受的方式提出建议，使用温暖的语言和方式表达对别人的欣赏，在班级形成一种温暖、理解、包容的人际氛围尤为重要。

第三，阶段性分层评比。必要的量化评比也会起到催化作用，工作中可以通过各种"名号"进行评价导向，比如对小组长的考核，要求评出"最友善组长""领袖型组长""智慧型组长"等等，让全体学生发现每个人的独特之处。所设立的奖项，也正是班主任期望在班级营造出的班级氛围的重要因子。

评价内容要侧重态度和过程，而不是只看某件事情的结果，这也是评价的导向问题。在评价中，班主任要尤为关注评价带给学生的心理暗示力量及情绪影响，避免因评价方式不当对当事人造成"伤害"。尤其是某些收到同学建议多的班干部，为避免他有挫败心理，班主任要善于协同家长一起做好学生的心理调适工作。班主任要关注学生的情绪动态，在日常班级生活中应有意识加强心理健康教育，必要时可以设计相应的班会课，进行集体心理调适，包括评价者的健康评价心理疏导。

在班委会建设上，班主任要善于把目光拉长、放远，通过开展多种班级活动，为每个孩子搭建各种历练的平台，在把班级管理的权利还给学生的过程中，创造更多同学间互动合作的机会，促使大部分学生都能得到锻炼。班干部虽然各自分工，但具体生活与学习中，要形成互帮互助的网状管理模式。班主任要在不同班级组织间搭桥，在各部分之间建立互补关系，在部分与整体之间建立互补关系，最大限度地促进学生健康成长。

> 典型案例

竞选三部曲，激发班干部的担当意识

2009年秋季，笔者接手五年级某班，这个班的7名前任班委中有6名同学已经连任四年。开学第一个月，我按照惯例沿用班委会原班人马，可是这些"老"干部不时发生"新"问题。先讲一个小片段：

开学第二周某天早上，刚进教室，我就收到了学校督察生送来的两张扣分条。一张是教室卫生打扫不彻底，我询问当天值日组长是谁，不知谁大声冒了一句："是咱班老大！""老大？"追问后我才知是指班长小旭。这个"老大"的名号主要缘于他各方面都很优秀，又一直担任正班长之职，大家都觉得他是班里"最大的人物"。问小旭为何没把卫生做彻底，他轻松地说是最后走的那名同学倒了垃圾没套垃圾袋、一把扫把忘在了讲台边。我问他怎么当时没发现，他说他扫了地之后就提前走了。

巧的是另外一张扣分条也涉及班干部：体育委员在路队中抛篮球。还没等我问原委，体育委员就一脸委屈地提出疑问："学校啥时候规定不能在路队中抛篮球了？"……

开学前两周，小干部们类似的工作失误和认识偏差时有发生。管中窥豹，看来这些小干部在工作上存在不少问题。为什么他们可以连任四年呢？记得在开学第一天召开班委会陈述班级情况时个个滔滔不绝，说到班级管理头头是道，承担任务前也是个个成竹在胸的模样。为什么信心满满、积极主动而工作却时有差错呢？

经过全面了解，我发现这几个小干部有个共性：在学习、个人特长方面一直表现突出，在老师、同学甚至在家长心目中可信度都较高；家境优越，家长都重视孩子的个性发展。客观上讲，单个看，他们确实具备很多同龄人不具备的优点和优势。他们不仅是家长的骄傲，也一直是班级的骄傲，众星捧月般的生活助长了他们的自我优越感，"一俊遮百丑"，身边很少有人刻意"发现"并指出他们的不足。

如何引导这些小班干们正视自己工作的不足，多一些责任担当意识？我决定从"改选班委会"入手。

可经过深入调查，我发现该班因为这四年的班委核心位置均是这几个孩子担任，当前真要大刀阔斧地改选，暂时还找不到更为合适的人选。不能成功换人，那就换岗，通过换岗来激活这一潭"死水"。于是就有了班委会成立三部曲：

一、攻心造势，打破心理壁垒

我在9月最后一周的班会课上，提醒全班同学十一假期回来后就进行班委会选举，并强调本届选举与以往有所不同。

第一，岗位不同：除了原有岗位外再增设7个新岗位，人人都有机会也有责任参与班级管理。

第二，竞选形式不同：原有岗位实行差额选举，且要注意男女比例均衡、新旧干部协调，原班委会所有成员都是候选人，同时再由老师、同学提名和自荐三种形式推举出 4～5 名新候选人，同台竞选。

第三，原则上每人只承担一项工作，除因科任教师委派的个人特殊任务外，不许兼任。

制度公布后，当周确立候选人，十一假期选手们准备竞选稿，节后第二天正式选举。新增的岗位在班委核心班子选举成立后再进行选举，采取自荐与推举相结合的方式，民主投票确定。

我再次强调第一轮选举实行差额选举的意义，鼓励原班委之外的同学积极参与竞选，同时根据原任班委中只有一名女生的实际情况，宣布本次核心班委保证有 2～3 名女班干，并且单独给女生召开会议，鼓励她们积极参与竞选。

二、堵住退路，推上"正路"

经过一番动员工作，涌现了一批新的竞选者，可让我没想到的是原任班委直到周五还有两人未提交申请，已经提交的申请也是套话连篇。

周五，我把原任班委召集起来，开诚布公地对他们讲扩大班委名额及大张旗鼓地重新选举并不是对他们之前的工作不信任，而是要壮大班委会力量，他们无疑是种子力量，希望他们率先垂范，做好表率。同时把本次几个岗位的设置要求告诉他们，让他们自己思考哪一个岗位更适合自己，更加能够发挥自己的创造性，自由申报参与竞选，而不是等着老师任命。

至此，小班干们没有谁再有退出的意思，都积极申报自己想参与竞选的岗位。没想到，竟然有三名同学同时竞争纪律班长，气氛一下子变得热烈起来，我安排他们利用假期，好好准备竞选演讲稿。

三、借用仪式，鼓舞人心

为了进一步增强本次选举的神圣感，让每位学生感觉到本次选举的独特性，我决定在选举当天启动一个庄严的仪式以增强气氛。

选举前，首先举行宣誓仪式：要求全班起立，齐读本次选举活动的班级誓词。以下为誓词内容。

我希望……

我希望,在我们班,每一名想改变自己的孩子都能得到赞赏,因为没有人可以轻视一颗积极向上的心灵。

我希望,在我们班,每一名同学都能积极为班级出力献计,因为班级离不开群体的智慧和力量。

我希望,在我们班,每一名为班级服务的班干部都能得到尊重,因为无论他担负什么工作,都在为我们这个班级辛劳付出。

我希望,在我们班,每一名遇到过困难的同学都能够得到帮助,因为帮助别人就是帮助我们自己。

我希望,在我们班,每一项班级事务都像今天这样民主决议,因为每一个生活其间的人都对我们这个大家庭担负着不可推卸的责任。

我希望,在我们班,今天的选举能成为每个人的舞台,因为每个人都有理由相信,我有能力让我们班级更加优秀,我希望班级因我而精彩!

宣誓人:×××

然后由主持人宣布选举注意事项(略)。接下来,正式选举开始,经过个人演讲、民主投票、最终确定人选等环节,选举出新一届班干部。

趁着选举带来的热情,我马上组织新任班干部举行就职仪式,让这些新当选的干部一一上台,一起宣誓:"我荣幸成为五(3)班的一名班干部,我愿意竭尽全力把所担负的工作做好,不怕困难,不怕委屈,认真负责,大胆管理,精诚团结,一同进步!"

宣誓完毕,我向每个新任班干部颁发了"岗位责任书",告诉他们回家认真研读,第二天要召开新班委第一次会议,每个人针对班级实际情况,对自己所担负的工作进行细致分析,补充管理办法。

选举次日早上到校,只见卫生委员正在督促值日生值日,中队长正检查同学们红领巾的佩戴情况,上操时体育委员在前,路队长在后轻声个别提醒,生活委员按时去领餐票……一种秩序在悄然生成。

经过这样一轮选举活动，加上就职宣誓及岗位职责书，每个周五的班干部例会反馈，班主任与班干部之间有了更多默契。例会上班干部自己陈述本周自己分管工作中的得失，提出下周改进重点，其他班干部和班主任进行补偿提醒。次周周一班会，均安排出固定时间让这些班干部们对上周工作进行总结并安排本周工作。

每个月最后一个周的周五下午，抽出专门时间召开班级民主生活会，其中一项就是班干部履职情况总结。在肯定他们每个人成绩的同时，逐步渗透每个阶段要积极动脑为班级出台一条"新政"，提交全班讨论。

就这样，这些老班干焕发出新的热情，毕竟他们是有一定经验的"老干部"，同时带动着岗位助理共同开展工作。岗位增加了，在新的制度引领下，每个人的能动性得以调动，形成了一支强干的核心班委队伍，为后续双班委的推行奠定了基础。

温馨贴士

让每个孩子都有竞聘实力

时下的班委会建设，班主任需要端正一个观念：班委会是为全班同学提供不同角色担当的组织形式，是为了促进每名同学角色担当意识的提高，而不是少数有领导力、有班干部经验的同学间的角逐舞台。为此，我们需要更新班委会建设策略。

第一，变革班干部职责意识，树立服务意识和责任担当意识。

传统的班干部职责，存在充当教师的"情报员""传声筒""协管员"等现象，这会阻碍学生作为班级主人责任意识和能力的提高。因此，在班委会建设中，班主任首先要引导全体学生明确班干部是为同学服务的，人人都有责任参与班级公共事务的管理。

第二，多岗位动态轮换制，把班级管理的主动权交给学生。

传统的班级岗位，分为管理岗和服务岗，这是导致形成"干部"和"群众"两大分层的直接诱因。要改变这一现状可以采取增设岗位和一岗多人等方式，还可以由学生来申报岗位，提高孩子们的主人翁意识。

每个岗位运行一定阶段便实行岗位轮换，让所有学生经历不同的岗位角色体验。

第三，淡化班级岗位层级制，实行扁平化包干制任务管理。

传统班级岗位设置中存在着层级现象，比如班长管小组长、卫生委员管值日生等。新型班委会建设中，要尽量避免这种层级制出现，更多实行扁平化包干任务分工负责制，在岗位职责中，只有分工不同，没有职责大小之分。加上轮岗制的运作，让每个学生都能参与到班级工作中得到锻炼，相互关系也会因此变得亲密，工作能力也会随着年级的升高而提高，班级的日常生活也因岗位制度的变革而富有生气与活力。这才是班委会建设的应有之态。

第四章
班级制度建设：
从班主任主导到民主议事

CHAPTER 4
从班级到成长共同体

第五章
师生交流：
从例行谈话到多渠道情意融通

"无规矩，不成方圆"，任何组织都离不开一套适合的制度，班级亦然。班级制度建设，相信是很多班主任接手一个新班级后首要考虑的问题。那么，班级制度到底从哪里来？或许有经验的班主任会告诉你——从学生成长需要中来。大家了解一下身边那些把班级"治理"得井井有条的班主任，不难发现有相当一部分是自接手新班后，就结合学校的考核要求，梳理、加工、提炼，制定出简便易行的班级制度（规则），即学校考核什么班级就对应制定什么规约，在学校各项常规考核中自然不会落后。

现在需要思考的是，这样的制度制定有问题吗？你或许说这以班主任为主导，没有体现民主决策。是的，很多班主任在制定班级制度时增加了"民主程序"，即让学生自己提出考核项目，集体商议形成班级公约，日常根据班级规约进行考核。从制度产生的形式上看，确实"民主"了，但是深入思考，我们不难发现这与班主任直接制定并无本质区别，因为无论是班主任出台班级制度还是学生民主讨论得出班级公约，都指向"优秀班级"的建设，这种在学校规章制度框架之下形成的制度，是指向"事"的行为规约，而不是指向本班"人"的发展性引领。

到底什么样的班级制度文化指向人的发展而非仅限于学校规章制度的遵守？本章旨在探讨一种新型班级制度文化，通过制度形式本身的革新、制度内涵的丰富，体现班级制度文化的人文性、引领性和感召性。

> **带班困惑**

"放权"了，为何还只能是"老师说了算"？

C老师在某中学工作了六年，带了两届毕业班，他尝试在班级推行分层、自主管理，很见成效，不仅学生中考成绩优异，班级活动开展得风生水起，他本人也深得学生的喜欢和家长的信任。秋季，领导决定让他留在初三，接任三（2）班班主任。踌躇满志的他，在开学第一天，就带领全班同学讨论"班级愿景"，并引导大家做初步的职业规划，以激发学生的学习动力。不承想该班学生表现冷淡，回应者寥寥。

C老师以为是学生和他还有心理距离，不敢放开谈。他决定在第二周班会课上，通过议事方式先让同学们拟定班规，没想到在班规议事会上又遭遇冷场。C老师有些不解，这个班的孩子在学科课堂上很活跃啊，翻开学籍档案，历年的运动会、元旦汇演及各科考试成绩都还过得去，为什么在给他们充分的权利制定"规则"时，他们竟然显得无动于衷呢？

事后，C老师通过个别交流及写心里话等方式，才逐渐了解到学生的真实心声：

"初三了，没啥好说的，到最后考个好高中才是王道。"

"过去老师也让我们制定过，可是我们提出来后不是被老师否决了就是后面没有执行，不过是走走形式。"

"不就是学校那些考评制度嘛，我们按要求做就是啦，没有什么新想法。"

"老师，干脆你给我们制定一个规则，我们执行就可以了。"

……

收到学生这些反馈意见，C老师陷入了沉思。初三，是个特殊年级，人人面临升学压力，但这能成为学生对班级事务漠不关心，对班级议事敷衍的理由吗？善于思考的他在几个全国班主任微信群里作了一个调查，发现不同学段的班主任对议事制的看法各不相同，但在遭遇的问题上却有一些共性，那就是给学生放权了，议事了，但是实效性并不高，最终还得老师或者核心班委一锤定音。

问题出在哪里？显然，该班学生的思维意识里，班主任说了算，制度是别人规定的，我们做个执行者；班级事务是大家的事情，我的任务是学习……我们看到了传统管理制度之下培养出来的"顺从"的学生，而未来的公民社会需要的是有责任担当的公民，学生的公民意识需要从小在一种公民意义上的生活氛围中培养，需要通过班级制度文化建设来渗透和润泽。

> **创意策略**

变制度为愿景：严明变温情

提及制度，总让人联想到"规范""严明"等字眼。事实上，制度也可以很温情。美国兰德公司的一项研究发现，当一所学校的校长、学生家长、教师以及学生群体为了共同的事业齐心协力，当学校的每个人为了达成共同的教育目标承担责任时，学生就最为成功。（厄内斯特·波伊尔：《基础学校——一个学习化的社区大家庭》）借用这一说法，当一个班级里的班主任、科任教师、学生家长以及学生群体为了共同的目标齐心协力，当班级的每个人为了达成共同的教育目标承担责任时，学生的发展最为成功。

笔者一直努力让班级成为一个学习共同体、精神共同体，当班级共同体相互之间有一个默契的约定和共同的愿景，围绕共同愿景去畅想班级的、个体的、群体的发展目标时，据此建立起来的班级制度一定是有温度的，也自然是充满温情的。

深入学生中间，我们会发现现在的孩子，他们在游戏时会自然提前讨论各种游戏规则，哪怕他们玩书面的文字游戏，也会提前制定出对应规则。而一旦要成为游戏中的一员，就会自觉接受这些规则。这里没有"硬性执行"，却有着自觉践行。这其实也正好说明了孩子们对民主制度产生的认同及社会化身份的发展意识。

作为班主任，只要我们善于组织学生平等参与，民主决策，使他们从内心认同班级制度，执行过程中就会多一些共同维护和自觉遵守的主动意识。同时，学生在共同的班规下会很自然地形成合力，因而能增强班规的威慑作用。

底线规约:公民意识绘底色

柏拉图在其《理想国》中提到了我们在培养孩子方面的责任:"就像城市中有自己的章法一样,我们只有在给孩子们也立了规矩之后才能赋予他们自由,我们通过以身作则培养孩子的优秀品质,从而让他们心中有个无形的监护人,一个类似于我们拥有过的那种管理者来代替我们的位置,这个时候,也只有在这个时候,我们才能给予他们自由。"(凯文·瑞安、卡伦·博林:《在学校中培养品德——将德育引入生活的实践策略》)因此,我们必须让孩子从小就懂得生活中的自由是相对的,要赢得个人行为的自由并且保证他人的自由,每个人在特定的场合必须接受必要的约束,即要明白作为一个社会公民在何种场合有哪些基本的行为要求是必须遵守的,又有哪些底线要求是不能违背的。在制定日常行为细则时,我们遇到的首要问题是:以什么标准、基于什么价值取向对规训内容进行取舍?有哪些理论支撑?北京大学教授何怀宏说过:"任何一个社会都需要一种基本的道德共识才能维系,才不至崩溃。现代社会趋于多元,则更迫切地需要凝聚起某种道德共识。"

笔者认为,现代社会的道德伦理应当是面向社会、大众或公民的,理应倾向一个具有普遍涵盖性和平等适度性的社会伦理,它集中体现为公民伦理。社会公德是最基本的行为准则,"遵守基本行为准则"是公民道德素质的基本内涵。于此,我把班级制度内容定位为底线伦理基础上的底线细则规训要求,目的是通过这些规则指导学生从小练习作为一个公民应该达到的基本底线行为要求。

公共关系是公民教育的起点。处理好公共关系,最基本的素养应该是交往中学会尊重。基于此,笔者所带班级的制度文化始终围绕尊重这一价值核心,制定相应的日常行为细则。通过日常行为规训,引导学生从认识自己开始,到认识同学、老师以及其他身边的人,认识社会,认识自然,懂得每个人都是一个完整的正在成长的生命;引导学生学会尊重自己、尊重他人、尊重外物,以良好的心态与他人建立一种相互尊重、相互依存的合作关系;引导学生学会与人交往、学会遵守规则、学会尊重外物,以及要学会在家庭之外的生活环境中建立一个积极的自我概念。

尊重是建立在平等基础之上的，学会尊重是人从自然人向社会人发展的重要条件。尊重不仅是对人的尊重（如对自己、他人的尊重），也指对物的尊重（如对自然和环境的尊重），还包括对规则的尊重（如对公共秩序和道德规范的尊重）。学会尊重要有一颗宽容的心，不仅尊重师长、同伴和弱者，也包括尊重自己，不苛责自己，接纳现实中的自己。我们把"尊重自己"作为尊重教育的起点。

一、尊己：突出"自尊"

自尊的前提是自我认知、自我接纳。老子说："知人者智，自知者明，胜人者有力，自胜者强。"人虽然有年龄、性别、体貌、学识、能力的差别，但有一个相同点，就是都希望获得尊重。人要获得尊重，首先要尊重自己，要认识自己、接纳自己、战胜自己。只有接纳自己才能接纳他人，只有尊重自己才能尊重他人，也才能获得他人对自己的尊重。自尊，首先从珍惜自己的生命开始。生命是最宝贵的，只有活着才能感受幸福。贵生利己是最根本的道德，是最大的自尊，伤生害己乃至自杀是不道德的，是最大的自卑，忽略了亲人之间的情感维系和自己所应该承担的责任，完全置父母、亲属、老师、同学、朋友的情感于不顾。既要尊重自己的生命，也要尊重自然界的生命甚至无生命的万物，这是生命伦理的应有之义。自尊不仅包括自我接纳，还要求超越自我，不断完善自我。

二、尊人：突出"平等"

"你是生活在人群中。不要忘记，你的每一个行为，每一个愿望都会影响周围的人。"（苏霍姆林斯基语）在公民社会，要求公民对社群以及社群中的他人保持最低限度的关注和关心，对公共事务和公共利益能够超越个人利害而勇敢地担当必要的责任。需要从小培养学生的社群意识，让他们懂得人是生活在社会群体之中的，只有相互尊重、相互帮助、相互关心才能维持群体的和谐。学会平等待人、诚实守信、善于助人，不窥探、干涉他人隐私，宽容大度等，是尊人的重点。

三、尊物：突出"和谐"

"万物皆有灵"，每个外物都有其存在的独特价值。成长中的孩子，不仅要做到尊重自己、他人，还要学会尊重外物，学会与自然和谐相处。在日常生活中，在对待公共财物或他人的财物上，更能够反映一个人的公德心，小学生在这方面往往认识不足，需要制定具体行为要求来加深认识，矫正言行。同时要让他们明白，自然是人的无机的身体，人不仅在物质、认知和技术上，而且也在道德智慧、精神人格上一直接受着来自自然的恩赐与馈赠。与自然对话，与万物共存，凡物都有它存在的理由和价值，我们要始终保持一颗敬畏之心。

四、尊规：突出"敬畏"

陈鹤琴认为："教导儿童服从真理、服从集体，养成儿童自觉的纪律性，这是儿童道德教育最重要的部分。"社会是人和人发生关系的场所，人们为了更好地生活，需要制定和遵守共同的规则。对于一个生活在社会中的人来说，最起码的要求就是有规则意识。这里强调重点培养学生遵守社会基本准则和行为规范的自觉性。要求每个学生无论在学校、家庭还是在社区等公共场所，都能自觉做到有礼貌，讲文明，守规则，讲诚信；自觉遵守现代社会所提倡的最基本的公共秩序要求和道德规范，自觉维护公共秩序，并且知道承担相应的责任。

精神成长类规则：渐进性生成

日常工作中，制度文化渗透在班级建设的方方面面，本小节侧重从促进学生全面发展的角度讨论如何依据学生成长需要完善班级制度设计，改变过去仅从"优秀班级"建设层面制定物化的、外在的制度内容的做法，转而关注学生成长状态，实行阶段性成长目标引领，促进学生认知、审美、身体和社交等多方面能力的发展。

一、价值引领式的成长目标体现出阶段性和连续性

在制度实施过程中，我们需要遵循学生成长需求，对制度内容进行阶段性调整。具体到每个个体的时候，引导学生根据阶段性目标、结合个人实际需要制定出相应的个人发展重点，这样在体现出阶段性和梯度性的同时，保证了针对性。

如何理出阶段性目标，体现出阶段性和连续性？笔者尝试在日常教育过程中，以"尊重"为轴心，从"尊人、尊己、尊物、尊规"四个维度展开，确立了"四尊"的核心目标：围绕"自尊、自信、自律"（"尊己"）、"合群、合作、合享"（"尊人"）、"爱惜、保护、敬畏"（"尊物"）、"守纪、责任、正义"（"尊规"）等基础性品德总目标，按照低、中、高三个年段的不同要求制定出相应的梯级规训细则，建构出一套体现底线伦理的最基本的道德规范指标体系。

比如在"尊己"方面，我们重点从"自尊、自信、自律"几个维度培养学生逐步认识自己，接纳自我，树立正确的健康观和生命观，培养良好的学习习惯和健康的生活态度，提高自我管理能力。根据学生年段特点，我们把这个总目标分解出梯级阶段性重点，即：一级目标（1—2年级），养成良好的生活（卫生）习惯，锻炼身体；二级目标（3—4年级），有责任感，对自己的学习负责，有主动承认错误的勇气；三级目标（5—6年级），珍惜个人荣誉，自我接纳，追求自我完善，有羞耻心。各年段围绕年段梯级目标从"学校、家庭、社会"不同场域制定出相应的细则，中高年段学生根据细则理出个人阶段性改进重点，滚动推进。

二、建构式成长目标体现出指导性和主体性

指向学生成长的制度目标，侧重帮助学生对自己的行为进行内部调节，重在引导学生学习自己应该做什么、怎样作出明智的选择，帮助学生学会与他人协商解决问题，学会解决他们内在的矛盾，并学会自主地进行学习活动，而不是仅仅限制他们不能做什么。工作中我秉承的正是这种建构式的规训，旨在帮助学生自我建构有效的社会行为规则和价值观。

从这个角度去理解班级制度，有助于我们去认真思考班级制度的目标到底是什么。道德教育的最终目的是达到学生道德上的自律，实现自我规训，即用自己的信念和理解来管理和指导自己的行为。假如我们只是通过奖励和惩罚等这些外部控制来代替学生管理他们自己的行为，学生就始终处于"受制于人"的被动状态，他们学会了服从，却很难学会自己调节自己的行为，更难实现我们期待的道德上的自律。相反，如果教师把制度看作教导而不仅仅是控制的话，当学生行为出了问题时，教师会引导学生认识到行为背后的问题，帮助学生理解为什么他们的行为会带来问题，对他人有什么影响等，让学生认清他们行为的后果而不是只看到惩罚行为本身，引导他们在对自己行为的反思与判断中，学会对自己的行为负责，提高个人责任感，增强主体性。

三、内省式的实施策略体现出情感性和活动性

让良好的道德情感在个体生命中生根，使其在社会交往中不断积累丰富的情感体验、形成良好的行为习惯，是养成个人品德基础的关键。在推进以学生成长为目标的制度建设中，笔者尝试"教化内省"式的实施策略，构建一种以关注学生主体需要、尊重学生个别差异、促进学生个性发展为基本理念的，以发展小学生道德能力为着眼点的班级制度实施新模式，以期在学生道德学习方式和道德教育过程的时空上有所突破，使道德教育由以"间接经验"为起点转向以"直接经验"为起点，由单纯的"接受教育"变为建立在学生"体验感悟"的基础上，由只重视个体学习逐步过渡到倡导合作学习，让道德教育根植于生活世界，让学生在生活中学习。

为此，我通过形式多样的班级制度学习方式，模拟社会生活情境，注重将学习者引入生活的真实情境，把公德规范融化在情境中，将符号化的冷冰冰的行为规范，转化为以情感为中介和依托，让学生在学习感悟中增强规则认同感；开发活动课、实践环节、社区活动、班级联谊等隐性课程，让学生在活动迁移中强化规则认同；设计形式多样的序列班会，摒弃灌输与说教，增加学生体验和辨析环节，让学生在道德矛盾的自主选择中超越自我，实现内部矛盾的转化，提高学生的道德选择和道德判断能力，让学

生在情境模拟中深化对规则的认识；利用日常行为的生活情境强化学生的道德行为，组织辩论赛，针对身边常见的"品格问题"（不讲礼貌、破坏公共财物、撒谎、作弊等）引导学生展开辩论，在思辨中形成自我价值判断；成立课外阅读俱乐部，建立班级博客，借用家校通、家校联系手册等，指导亲子活动，让家长协同教育，形成合力。这种以公民个体自主、自觉的价值认同与责任承担为核心，注重"情感性""场景性"和"活动性"的实施策略，使"学生身临其境，在视、听、触等多种感官刺激下激活情绪、唤醒情感、移情共鸣、净化心灵，从而使品德内化于无意之中完成"（欧阳文珍：《品德心理学——德性养成的心理基础》），增强了班级制度的实效性，促进了学生的精神成长。

公共事务类规章：议事制完善

将公民意识教育融入班级制度，内容上体现公民素养和公共道德的养成，实施中着力培养学生公共事务的参与意识。本节内容重点介绍班级议事制的实施策略。

一、把握班级议事的活动流程

班级议事确实是培养学生民主意识、促进学生主动参与班级事务的有效方式之一。民主议事的操作方式很多，比如班级大会、小组座谈、案例分析型班会课等等，都属于班级议事的范畴。但是，在没有接触过班级议事这种民主生活方式的班级里首次推行，班主任一定要发挥作为领导者的引领作用，以激发学生积极参与班级事务的热情，引导学生明确班级议事的活动流程和基本规则，保证学生真正参与其中。

班级议事一般分为三个阶段：召开议事会前的准备阶段，召开议事会，议事会后的决议执行与监督阶段。

1. 班级议事的准备阶段

班级议事是班级制度建设的一种策略，要让学生知道这是一件什么事，并研讨确定怎么做这件事，然后进行有关准备工作。

这个阶段分四个环节：班级议事的宣讲与制度建立，征集并确定议题，针对议题进行问题解决的商议并形成提案，提案审查。

（1）明晰议事制度。班级议事本身是一个民主化的管理制度，因此制度的建立也需要走民主化讨论的流程。班级议事的意义在哪里？除了这种集体协商、民主化管理机制有利于学生独立和健康人格的塑造之外，还应该通过宣讲让学生明白这对其表达自身的诉求有益。当班级议事在积极、和谐的气氛中召开时，它就会充当班级顺利运行的润滑剂。每一个学生怎么参与这个议事活动，要议什么，在什么时间与地点议，每一个人的角色是怎样的，怎么议，形成决议怎么执行等，这些问题都要在讨论中明晰，从而建立起班级议事制度。

（2）明确议题范围。班级议事的目的是使学生能更好地担负起班级主人翁的使命，享受权利的同时履行班级义务。通过班级议事方式，让学生可以畅所欲言，日常生活中发生的人际矛盾或生活中遭遇的困难，抑或他们关心的事情，都可以成为议事主题。比如，家庭作业的长度与时间分配，对于教师满意与否，教学的效果与希望得到的辅助，班集体的人际关系，以及每日学习的进度与活动的组织等等。班主任通过举例让学生知道如何提出议题，可以是与每个人利益相关的事项和问题，也可以是关系到班级建设发展的问题，还可以是与他们的生活息息相关的社会（学校）热点问题。

（3）商议制定提案。为了提供议事效率，我们可以采取小组议事制。小组内每个学生提出议题之后，组内进一步商议讨论，筛选出重要议题作为班集体议事的议题（小议题可以组内解决），再经过调查征询，提出解决问题的方法，从而形成提案。小组提案形成，再请其他小组形成附议。这里提到的小组，不只是班级行政意义上的小组，也可以是课外学习小组、阅读小组、运动小组等各种学生因为兴趣或研究主题而形成的自组织。在活动策划实施中发现问题，形成议题，进而形成提案，有利于增强自组织的民主讨论意识，也有利于征得更多、更合理的建议。

（4）组织审查提案。这是决定提案是否需要班级集体议事的重要审查环节。班主任要扮演好点化者的重要角色，在充分考虑民主性的基础上，把学生提出的具体的日常生活现象，引导、归纳、提升为相对聚焦的议事主题。比如学生提出在某项具体活动实施中所遇到的困难，班主任则可以引导聚焦为"如何提升问题解决能力"；学生提出在活动中同学间分工合作等配合问题，班主任则可以引导聚焦为"如何提升我们的合作能力"；对于运动会等常态活动的推进问题，班主任可引导学生思考"如何让本次活动不一样，可以有哪些创新点"，以此激发学生的创新意识和实践能力，比如组织义卖活动之前，可以围绕"财商素养"等进行主题聚焦式讨论。

2. 召开议事会

召开议事会，流程包括：宣读提案与审查意见、集体审议与回应、集体表决并宣布结果。

（1）宣读提案与审查意见。班主任主持或赋权他人主持会议，宣布会议流程，提出具体要求。类似协商会议，一般采取围坐成一圈的方式，便于交流。会议伊始，由提案人宣读提案，再由审查人简单介绍审查意见。若提案已经很成熟，分歧不大，这个环节可省去。

（2）集体审议与回应。就提案向全班同学征询意见，大家若有疑问可以提出，提案人需要作出解释和回应，必要的情况下主持人或班主任可以介入。

（3）集体表决并宣布结果。以票决或举手表决均可。表决采纳多数人意见，一般须提前设定参加表决的人数与表决通过人数，表决结果要当场宣布。班主任或赋权人可作最后发言，进一步强调民主协商，集体表决，形成的集体决议代表了全班同学的意志，每一个人都要遵守并执行决议。

3. 决议执行与监督

班级议事形成决议，这是本项工作的第一步，决议是不是得到落实，是不是促进了班级管理效益的提高，这才是关键问题。这个阶段包括两个环节：一是基于班级管理的运行机制，落实决议，根据提案的具体建议，有关负责人要抓好落实工作。二是委托具体负责人，或者是提案人，或者是班主任赋权人，做好过程的监督工作。有关情况要在今后的议事会上公布，形成连续性活动反馈机制。

二、制定明确全面的议事规则

凡事离不开程序和规则。虽然班级议事相对简单，但几条基本的规则还是应该有的。建议班主任们首先学习一下《议事规则》一书，可以参考书里的相关内容，形成适合自己班级实际的议事规则和流程，方便学生按流程组织，既可提高议事的严肃性和公信力，又有利于控制议事进程，保证议事秩序。

在议事中，主持人是最重要的角色，议事规则就是靠主持人贯彻的。如果是学生担任议事的主持人，班主任应该重点培训主持人对议事流程的熟悉及点评分寸等，同时要让所有同学明确议事基本礼仪。

总之，班级议事是一件严肃的事情，但要做到刚柔相济，该协商的协商，该按照规则办的就一定按规则办，不能随意改变态度，更不能被现场气氛左右。同时还要引导学生理解一切都是为了班级更好地发展，有时需要作出必要的妥协和让步。很多议事中出现的意外其实并不是意外，按照规则议事就基本不会出现意外，这就是议事规则的重要性。

三、设计层级多样的议事方式

要想班级议事受孩子们欢迎且能切实有效地发挥议事作用，需要根据不同年段的学生、不同的班级事务，采取灵活机动的议事方式。

1. 根据班级事务类型确定议事层级

班级事务涉及方方面面，根据不同的班级事务类型确定不同层级议事方式，是保证班级议事活动得以顺利开展的基础。一般而言，班级议事可以分为以下四个层级：

（1）班主任或班长主持下的班级议事。此为重大事项的议事，比如班干部选举、班级规则拟定等涉及班级整体发展的大事件。一般要在一个时间段内，例如采取一周制，也就是在一周内，广泛征集议题，以及就议题的解决征询意见，然后在班会上进行集体议事。

（2）班委会组织的专项工作的议事。这种议事，一般涉及班集体管理中的某一个层面，如卫生、纪律、学习、文体活动等，或在一个较小范围内，由部分人参加，进行议事活动，其基本组织方式，与班级集体议事相类。或者出现集体诉求，关系到每一个同学，则需要提交全班议事，其操作可参考第一类议事。

（3）小组组织的问题协商活动。小组是班集体基础层级的管理单位，包括课代表主持下的学科管理小组、班级行政化管理小组、学习小组、各种活动小组等。除了常设小组之外，还有在活动中临时成立的小组。小组议事可分为"常态议事"与"重要事项的提交审议"两种类别。那些影响学生行为的、涉及集体的、需由全体成员讨论决定的问题，通过全班来议事解决更为有效。

（4）学生自发组织活动期间的伙伴议事。随着班级社团的兴起和学习项目组活动的推行，在学生中间会形成自组织。这些组织或因完成一项学习项目阶段性存在，或者基于某项恒定的兴趣长期存在，这些学习（游戏）伙伴儿之间会发生一些随机性议事活动。

2. 根据学生年龄特点，选取不同的议事内容和策略

（1）议事内容。小学中低段的议事内容可从一些生活和学习中的"小事"，比如怎样才能做到上课不乱说话，怎样才能把小书包整理好等等开始；小学高段以后，议事的重点则可以从班级具体事务拓展到班级管理的各个方面，比如班级规则的制定、班干部的管理、对教师的评价和建议等等，最终让议事成为学生的生活、学习常态，并逐步与社会接轨。

（2）议事策略。不同学段，班级议事的策略也应该有所不同。总体来说，小学中低段应"教为主，议为辅"，议事的内容和程序多由教师确定，议事的主要意义在于明确"为什么要这样做"；小学高段以后可以"管议共存，相互促进""议为主，管为辅"，教师参与并指导学生确定议程，学生在议事中实现问题的解决和共识的达成。

3. 班级议事形式创新的几条原则

（1）选择契机，增强情境性。根据不同议事选择特定时间来组织，可以让议事效果延伸化。比如利用母亲节、父亲节、感恩节、集体生日会等契机，召开亲情班会，可以邀请家长参与，引出学生与家长的沟通等话题，进而在特定时间内组织学生用实际行动表达对家人的感恩等，可以让议事变得更加亲切自然。

（2）创新形式，增强活动性。为避免班级议事演绎成单一的群言堂，我们可以通过活动的方式来演绎议事主题，活动之后再进行讨论。比如，要讨论伙伴互助的话题，事前可以组织一个"蜈蚣翻身"的游戏，游戏过后，让学生谈游戏成败心得，他们会自然感受到要想游戏玩成功，必须相互照顾，把自己放在团队中把握动作节奏，要照顾同伴，只顾自己往往会导致整个游戏中断。

（3）隐藏说教，增强趣味性。班级议事话题始终离不开学生的生活，或者是围绕他们自身的成长问题来展开讨论。但是我们应该认识到学生始终是孩子，他们对自身存在的问题，很多时候不是不知道而是不愿意承认，他们不是不愿意改而是缺乏改的动力，所以班级议事要想让学生打开心扉，自我觉醒和自我约束，一定要把说教隐藏起来，用趣味化的活动引发学生的内心反省。比如，针对评优活动可以设计一个系列的成长故事会，在期初、期中和期末，以讲故事的形式，引导学生把自己的评优愿景、评优努力、评优成果——呈现在集体面前，这既克服了传统评优的滞后性，又能始终让集体与个体的成长联系在一起。

典型案例

一场辩论赛背后的自我教育

一、议题由来

议题"男女同桌的利与弊"是从思想品德课《同桌的你》的交流中理出来的：开学第一周，笔者在新接手的班级着手编座位，我先让孩子们畅谈与曾经的、现在的同桌之间发生的故事，以便增进了解。

这是个生活话题，孩子们发言积极，不一会儿我就发现男生发言聚焦到了男女生交往期间男生被女生"欺负"的种种"伤痛"经历上。他们讲到三年级时，女生集体恶作剧把一小男生的鞋子扔进女厕所内，该男生万般求饶才被允许进去取回，他战战兢兢地走到女厕所门口，又遭到躲在里面的女孩的一顿"暴打";和女生做同桌期间,也常常因一语不慎,就被女生拧耳朵、揪头发或者拧胳膊……

面对男孩的"控诉",女孩似乎没有太多的反驳,她们偶尔辩驳几句,更多的则是低头轻笑。看来男生们反映的情况属于客观事实,其中一个男生作了经典总结:"其实我们并不比她们弱,起初我们想着好男不跟女斗,结果她们越来越嚣张,还成群欺负人!"

"对,越来越嚣张。现在动不动画个三八线!"男生们几乎异口同声。这时有位男生忍不住站起来呼吁:"老师,我恳求我们男女生不要再做同桌了!我们受够了!"他这句话一下子"引爆"了整个教室,男生高声拥护,女孩儿也说这样正好,接着也有女生站起来"数落"男生招惹女生的事。

我一方面给同学们心理宣泄的机会,一方面控制着态势,让他们只把过去发生的事情当故事讲出来,而不变成恶意攻击,但我依然感觉到这个班男女生结怨还真深,当前男女分开不同桌似乎成了大家认同的解怨方式。

我没有马上表态,而是让他们反过来想想,男女同学同桌有无一定的好处,之后委婉表达择机再组织一次本专题的议事讨论。

二、议事准备

1. 组织男女生分别召开"秘密"会议,稳定情绪

思想品德课上男生的众口一词对我的触动很大,下课后我请男生先出教室,我要给所有女生开个短会。男生兴奋得不行,以为我这下要批评女生了,乐颠颠地出去又好奇地想躲在墙角听。我把女孩召集到教室里侧,没有批评她们,只让她们试想一下她们在男孩子心中是一种什么样的形象,又让她们回想一下自己身上有多少淑女气质,让她们换位思考怎样的言行是受人欢迎的……为了不招致她们的抵触情绪,我请她们对本次会议内容保密,下午我也会给男生开会。

下午给男生开会时,我首先表扬了他们很有男子汉气度,不与女生斤斤计较,鼓励他们继续培养自己的绅士风度,尊重女生,不追打、不以牙还牙。接着讨论怎么做才更显得男孩儒雅而又阳光,男孩中间还有哪些不好的行为需要改正……这种在充分肯定他们的基础上,引导他们找差距、

制定目标的形式似乎很受男孩欢迎。他们自己出了很多主意，达成了几条"秘密君子协定"。

2. 组织班委会会议，深入收集信息

分别召开男女生会议，实际上是提案形成的酝酿期，也是为了预防思想品德课上引发的情绪蔓延，提出底线要求，为后续自我反思、换位思考作铺垫。为了更深入地收集信息，在班委会上，要求每个班委会成员辩证地谈谈同学相处中存在的问题，包括男女生之间、男生与男生之间、女生与女生之间有哪些苗头是不太好的。班委们谈到了男生之间两个"炮兵队"的游戏引发的派别，女生之间有钩心斗角的小摩擦，男女生之间当前就是同桌之间问题最大，基本情况就是女生欺负男生。我让班委会成员每个人针对自己观察到的现象，再在同学中进行调查收集，形成一个提案，再筛选出相对重要的提案组织班级议事会。

3. 确定以"男女同桌利与弊"辩论赛的方式开展议事

几天之后，收到班委成员们的提案，大家还是聚焦在男女同桌问题上，有一半人赞成男女生分开坐，他们认为这是当前比较好的解决方法。这是同学们共同的心声，我心里清楚，男女分开坐实际上也是晨和麟当时提出来的，这两个孩子号召力强，又有雄辩口才，要想让他们心服口服，集体辩论会是比较好的方式。于是我明确了本次议事的方式：辩论赛。主题：男女生同桌的利与弊。

4. 正反方的陈词准备

当班长向大家宣布即将组织辩论赛时，班级学生都朝一边倒，都想做反方，即"弊大于利"。鉴于此，就不能太"尊重"学生的主观意愿组合正反方了，采取抽签方式来决定，全班分成两大组，每个大组派出一名代表抽签。

确立出正反方之后，为了确保辩论赛达到理想的效果，我让孩子们作了两周的准备。正反方根据组员实力，组建辩论小组，辩手们按出场顺序撰写文稿，并在组内组织模拟辩论，设想对方的问题，从而修正辩词。

三、召开辩论赛

基本流程如下：

（1）为保证辩论赛顺利进行，在辩论赛前，组织全班同学再次学习辩论规则。

（2）选出计时员和辩论赛主席，两者在班上进行宣誓。

（3）正式辩论。

辩论非常精彩，尤其是抽到正方的"利大于弊"的同学，起初很不情愿，以为找不到资料印证男女同桌的好处。

经过多方搜集，他们不仅找到了很有说服力的"证据"性材料，而且在反复修改发言稿的过程中，他们渐渐从心底认同了这个观点，所以在辩论赛上，正方慷慨陈词，引来了台下同学的阵阵掌声。比如，有个同学讲道："古人云：男女搭配，干活不累。男女同桌，做值日时男孩儿可以多干点重活儿，比如拖地；而女孩儿可以多做一些细致的活儿，比如擦桌椅。再有做科学实验时，男孩儿胆大敢尝试，女孩儿心细能够做详细的观察记录……"

还有一个孩子列举了班级外出野炊时的事例：在男女混搭的小组中，男孩儿吃相很斯文，而且吃过后能够把场地打扫得干干净净，而全是男孩儿的小组场地内则是一片狼藉，全是女孩儿的小组也出现了很多困难，比如提水、找柴火都比不过男孩儿，因此她们的做饭时间大大延长了……

当然，反方也不甘示弱。几个回合之后，所有同学都明白了性别互补、男女相让的道理，淡化了男女生之间的"火药味"。

四、结辩之后如何实施决议

辩论赛只是起到了矫正观念的作用，让学生认识到当前的根本问题不是性别问题，而是同学间的相处问题。如何深化认识、巩固辩论赛的成果？我又采取了几个小策略：

（1）"今天我来编座位"，以四人小组为单位，在组长带领下，设计一张班级座位编排表，并且写出编位说明书，即我为什么这样编排。

（2）组织科任老师、核心家委对各小组的座位编排表进行汇总，在尊重大家编排意愿的基础上进行组合编位。

（3）班级开展"男女生礼仪形象大使"评选活动；在习惯养成上制定出绅士（淑女）言行举止细节要求。

（4）家长会上通报班级"男女生礼仪形象大使"评选活动的由来，委婉提醒各位家长在教育孩子过程中也要注意性别要求，得到了家长的一致赞同。

至此，男女生之间的"那些事"已经烟消云散，促进了男女生对自己角色的认同和完善。

附班主任感言：

一次课堂上的"闲聊"，因为话题的开放、气氛的民主，孩子们道出了自己的真实心声，也使得我有机会深入走进他们的内心世界。发现问题，再把问题以他们乐于接受的方式交给他们自己去寻求方法解决。这个过程就是自我教育的过程，孩子们投入其间的热情及真诚流露，也让我们看到了孩子们向往民主的班级生活，他们希望自己在班级的生活状态得到真实的关注，需求得到满足，而班级议事也就应运而生了。一个话题引出一种班级民主生活方式，一次辩论解决一个表象问题，这个过程中学生们看到了新班主任解决问题的方式和教育立场。学生在问题解决过程中，在自我辩论中，在日常生活矛盾解决中，逐渐习得男女同学的相处之道。

这场辩论赛，启示我们面对班级里的"特殊问题"时，应持何种态度，采用何种方式解决，乃至于形成何种新的制度。面对学生中派系"激化"矛盾，通过何种方式在解决问题之后增强班级凝聚力？这是一个致力于班级共同体打造的班主任时常思考问题的视角。班主任只要善于捕捉到日常生活"矛盾"背后的精神暗流，并始终把班级生活与学生公共精神的培养结合在一起思考，就会有促进学生精神成长的富有温情、弹性、人文性的班级制度的出台。

> 温馨贴士

民主管理中班主任的领导角色担当

本章所探讨的班级制度建设，以民主议事形式为主，旨在突出学生在制度建设中的主体作用，当然也离不开班主任的顶层设计及过程推进。不同年段，班主任的角色使命有所不同。小学中低段班主任是教练员，应该侧重于引导学生逐步树立主动参与意识；小学高段和初中的班主任是陪练员，陪着学生一起面对复杂的班级问题；高中阶段的班主任是观察员，及时关注学生的组织建设和制度规约，在必要的时候作一下提醒，也可以"出手相助"，让学生在参与民主管理中提升公共参与意识和能力。

工作中，我们需要注意以下几点：

一、建立安全、信任的师生关系

温情有效的班级制度建设的心理基础是安全、信任的班级氛围，作为班主任要有意识地在班级日常生活中营造相互关心、理解、信任的师生关系。

建立安全、信任的师生关系应做到以下四个方面：其一，需要班主任为学生营造一种心理安全氛围，给学生充分表达自己观点的机会，当学生与自己的观点相悖时，班主任也能静下心来听学生的真实想法，再以平和的方式表达自己的观点，最后引导意见协同；其二，班主任要说话算话，在班里做到言必行、行必果，不出尔反尔，让学生感到威严感和信任感；其三，班主任还要包容学生成长中的种种问题，把守师生交往底线，尊重并保护学生的隐私，与家长反馈学生在校表现时切忌"简单告状式"，而从学生成长角度多给具体的建设性意见，而非指责；其四，善于发现学生优点，肯定他们的优点，让学生感到班主任对他（她）的认可与欣赏。

二、给学生以正向、积极的价值引导

曾经看过一个案例：高二某班在班级议事中，通过了一项以"罚金"方式来"惩戒"违规者的决议，即凡违反班级公约（学校规章制度）者给予对应的"现金处罚"，获得的"罚金"作为班级活动经费，并成立了班级基金管理委员会。在前半年这项规则运作有序，但第二学期班级转来一个"土豪调皮大王"，时常要交"罚金"。一次该生一下子扔出五千元现金到班长课桌上，说是预交罚金，接下来按月扣除即可，使得这项经由全班讨论确立的规则宣告失败。

以上案例提醒我们，班级议事一定要建立在正向、积极的班级氛围的基础之上。如果班级没有形成正向、积极的氛围，很可能在民主议事会上，会有一些"奇葩"规则被提出来，也可能在规则实施过程中遭遇各种无奈。如果把一个班级比作一艘船的话，那么班主任就是船长，学生则是水手，船驶向哪里，风向标指向哪里，取决于班主任这个舵手。

三、班主任要扮演好"平等中的首席"的角色

班主任在班级管理中，还需要扮演好"平等中的首席"的角色。无论是班会、班委会，还是班级议事，讨论的议题都在班级发展层面，离不开班主任的顶层设计与系统建构能力；班级日常生活内容，看似天天重复，实则每天都是新的，同样需要班主任具有点化的意识与能力。尤其在学生参与班级制度建设的过程中，会有大量的生成性资源，此时班主任的点化力显得更加重要。

以班级议事为例：无论在班级议事之前、议事过程中，还是议事后，班主任的引导不仅是必须的，而且是非常重要的。班级民主管理不代表什么都听学生的，自主管理也不代表班主任可以放任自流。作为班主任，要有极强的信息反馈及调控能力，及时发现学生在班级议事中做得好的方面，及时肯定并推动，对于出现的各种观念上的碰撞和潜在的思想苗头，班主任要明察秋毫，引导学生辨析讨论，达成正向共识。

班级生活是孩子们当下生活的重要构成部分，也是学会公共生活的重

要场域。有意识地通过民主决策、班级议事，把碎片化的生活提炼成具有成长教育意义的话题，离不开班主任的引领、发掘与筛选。这一系列的复杂性交织在一起，考验着班主任的"适应性"能力。因此，在将班级还给学生的同时，班主任的角色需要重建，工作需要变革。班主任需要在不断地创新与实践中，承担起教练和领导者的角色使命，以推动班级制度文化建设不断走向完善。

第五章
师生交流：
从例行谈话到多渠道情意融通

CHAPTER 5
从班级到成长共同体

第六章
班级日常管理：
从惩戒式约束到导行式期待

苏联教育家苏霍姆林斯基说："常常以教育上的巨大不幸和失败而告终的学校内有许许多多的冲突，其根源就在教师不善于与学生交流。"在常态教育生活中，师生之间的交流，例行谈话多于日常互动。试想，人与人之间只存有正式谈话的时候，还会有心灵的情意沟通吗？师生之间的交流亦然。良好的师生关系是教育成功的关键性因素，在一个具备精神共同体特质的班集体里，师生之间的交往更密切而平等，交流更日常而随机。如何实现从例行谈话式交流到多渠道融通式互动交流的转变？让我们一起拨开师生交流的迷障，共同寻找走进学生心灵的密码。

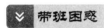

师生交流的迷障

2016年年初，网上流传的"自习课上，学生给老师背后贴乌龟"的事件曾备受关注，当事人（老师）因感觉受辱，当场与学生发生肢体冲突，当地教育局起初对其进行"开除"处理，引发了网络热议，后更改为"职称降级"。这种显性的师生间冲突，可能会被认为是偶发事件，但如果我们走进类似偶发事件背后，不难从班级日常师生交往模式中捕捉到师生的沟通问题，此案例只是冰山一角。列举两类常见的日常生活场景：

A.课堂上，老师在讲台上津津有味地讲解时，发现有同学趴在桌子上用书挡住脸呼呼大睡。老师走过去，推推他，睡觉的学生揉揉惺忪的眼不耐烦地朝老师看一眼，不一会儿，他又趴下去接着睡。这时，作为老师的我们，是不是在心底说"孺子实在不可教"？心急的老师，会不会走过去直接大声批评几句？

B. 办公室里，几个同学正低着头，接受班主任"训话"。让每个人"陈述"自己的错误之后，班主任开始宣布"按班规执行"——罚抄课文两遍，学生 A 当即回答："老师，昨晚我已经抄好了。"拿来一看，确实是他本人抄写的，不过第二遍是复印稿。面对这样"有对策"的学生，你是不是火上浇油般生气？若你是他的班主任接下来应该怎么处理？我们首先考虑的是什么？——是不是如何"惩治"以让他不再重蹈覆辙（或者说不敢再犯同类错误）？

上述场景折射出老师对师生关系的定位为维护"师道尊严"。场景 A 是我们老师看到学生出现了什么问题，就直接针对他的错误言行进行简单禁止。如果我们了解到，案例中的这名学生长期生活在一个充满火药味的家庭里，前一天晚上，酗酒的爸爸回家又对妈妈大打出手，他除了制止父亲以外，还要安慰对生活已经感到绝望的母亲，陪着妈妈流了一夜的眼泪，第二天上学时他看似在睡觉，实则脑子里满是各种让他心悸或心烦的家事，我们对待学生的态度和方式是不是会有 180 度的大转弯？

再说场景 B，学生犯了错误班主任找来训话，然后按班规处理，貌似合乎情理。学生在接受处罚时表现出的态度常常直接成为我们判断这个学生是否遵守规则、是否有虔诚改过之心的直接依据。而很多师生冲突就是从这种对峙升级演变而来。

如果学生在执行班规中表现出来的反叛是基于他对这个处罚方式的不满，我们是不是更该反思处罚方式是否科学？

所以，当我们在抱怨现在的孩子越来越不好教的时候，实际上多数时候是想表达，当前与学生之间难以沟通，他们不像过去学生那样听话。拨开层层迷障，会发现师生交流有障碍主要是由以下几个因素导致的：

第一，"代沟"带来的角度和观念不同，导致信息沟通不充分。

师生因年龄、拥有知识的广度深度、社会生活的经验、看待和处理问题的视角等的差异，易各执立场产生分歧，此类情形在初中和高中表现得更加明显。

第二，教师"先入为主"的单向沟通方式造成的沟通障碍。

师生沟通中，教师往往首先看到"事"，而忽视了事情背后的"人"。

而在处理事情时,又容易因为学生某件事做得不好,而否认他整个人,比如"你真让我失望""你总是给班级添乱子""你总是这样……"

教师这种简单评判式谈话,是造成学生在与教师沟通时表现不主动、不配合的直接诱因,甚至导致学生对教师的沟通采取应付、迎合、文饰的态度,从而加剧沟通障碍。

第三,师生沟通话题单一,缺少情感融通,导致学生逆反。

当下,教师和学生之间的沟通多偏重于学习方面,而对学生生活、情感等其他方面关注不足,很多时候抓不到问题的关键点,自然会产生"隔靴搔痒"的无奈。

第四,沟通管道单一导致沟通有"死角",产生师生情感断裂区。

如果教师没有意识到要去关注每一名学生的话,班级总有一些学生容易成为"被遗忘的人",这些平时寡言少语的中间生因为性格原因不太主动表露情绪,也不会主动参与班级事务等,仅靠简单的谈话很难了解他们的内心和情感。如果老师不刻意通过多种渠道了解他们,班级就容易在这群孩子这里形成一个情感断裂区。

创意策略

发挥师生间非正式交流的积极效应

在学校里,老师与学生之间的沟通最常见的是面对面的沟通,且场合多限于教室和办公室。对于学生而言,这些谈话属于正规谈话的范畴。一般而言,即便老师极尽谦和,学生也可能会心有戒备。人与人之间的和谐沟通最重要的一点就是彼此信任,相互之间传递出彼此尊重、坦诚相见的悦纳感。师生间交流互动最多的时空在课堂,因此创造融洽的课堂氛围,让每名学生感受到被关注、被尊重和被期待,是增进师生之间感情的重要途径。如何传递这份信任与悦纳感,如何更多地走进学生的真实生活,也让学生了解一个真实的自己?笔者认为,应创造多种非正式交流场景,比如在集体活动中、日常生活中进行个别接触、交流,师生之间的沟通会变

得亲切自然。在非正式交流中要把握以下几个要点:

一、用友好尊重、亲切自然的方式与学生打招呼

人都渴望得到关注,学生更是如此。教师(班主任)要时刻注意用亲切、尊重、友好的方式与学生打招呼,比如接手一个新班,尽快并准确记住每个学生的名字,让他们感到自己在老师心目中的重要性。课堂内外教师体态语的得体运用,如期待的眼神或温柔地摸摸头或拍拍背,对于学生某些需要提醒的小事项善于俯下身子用悄悄话的方式告知,或者在作业本里夹上一张可爱的便利贴,附上几句充满信任和期待的话语,这些非主题性的自然交流,却是师生间和谐关系的粘合剂。

二、学会适当"示弱",请求学生帮助,并真诚表达感谢

学生一般都愿意为老师"做事"。作为班主任,要充分把握学生这种向师性心理特点,尤其是那些不太主动与老师接触的学生,要善于寻找机会请他帮帮小忙或者邀请他和老师一起完成某件事。当然,这种邀请一定要建立在了解学生的基础之上,否则会有增加误会的可能。经验丰富的陈老师就曾遇到过"请不动的学生"。

面对老师的邀约,她为何无动于衷?

陈老师任教的五(3)班里,秋季转来一名新同学月月。这个小姑娘长得楚楚动人,报到那天,月月妈妈告诉陈老师,这孩子从小就表现出了表演天赋,上小学后一直在上话剧课外班。语文课上,陈老师请月月朗读课文,确实入情入境,颇有范儿。只是,课下月月似乎不太愿意与同学打交道,班级同学主动邀请她做游戏,她总是找借口拒绝,常常独来独往。陈老师想找个机会单独和月月谈谈,希望她尽快融入新班级。

一天,下课了,陈老师请她帮忙拿东西到办公室,月月却一动不动地坐在座位上,其他同学抢着拿走了。这样连续几次,月月都有意躲闪,后来,陈老师索性下课直接点名让月月去办公室,没想到这孩子走到半路就

不动了。陈老师忍住没有发作，停下来告诉她这些天几次请她帮忙做事的真正原因是想和她聊聊天，希望她在新班级过得开心、快乐。月月这才将信将疑地抬起头，又把眼睛低下去。

后来，陈老师与她妈妈交流，了解到这孩子因为从小表演话剧，在之前学校老师喜欢拉她到办公室表演，后来被同学嘲笑为"小丑"，以至于月月对办公室一直心存阴影，陈老师这才恍然大悟。后来学校元旦晚会需要挑选节目主持人，陈老师就推荐月月参加，在准备主持词的过程中，月月感受到了陈老师的苦心与耐心，慢慢地会主动去办公室找陈老师说说话了。

从上面的案例可以看出，敏感的学生对老师有着一种天然的戒备之心，唯有对学生有了较为全面的了解，方能找到心灵沟通的入口。我们要密切关注学生的反馈，根据学生不同的情绪反应，作出善意的回应，甚至要学会等待和疏导，而不是简单下结论。

三、学会微笑和倾听，时刻注意表达一份善意

在日常交往中，语言只占了沟通的7%，而肢体语言却占了55%。微笑是最简单也是最有效的语言，它是理解、和谐、友好的代名词，也是营造积极氛围的最有效方法，可以平息别人的愤怒和不满，并向学生传递出这样的信息：不要害怕我，我来这里是为了帮助你。

与学生交流要选准时机，并要学会做一名善意的倾听者。这一点对于与"犯错"的学生交换思想时显得尤为重要。我们都知道，人有情绪时，是很难保持理性也很难听进别人的意见的。当发现学生有情绪时，我们不要急于解决问题，而是尽量采取迂回措施，等各自都冷静下来再深入交谈。交谈时选用并排坐势，让学生感觉老师是在与自己倾谈而非批评，以此化解学生的戒备和对抗心理。

交流时多引导学生说出自己真实的想法，比如可以这样启发："你这样做，一定是有其他原因，你能对老师讲讲吗？"或者说："老师感觉到了你的难受，我可以怎么帮帮你，让你感觉舒服一些？"具有同理心的关切，有利于打开学生的话匣子。学生在交流时，即便有时观点不妥，也一定让

他说完，不要急于打断学生的话。

只有当老师自己成为一个忠实的倾听者的时候，才能引导学生学会倾听别人的观点，学会站在别人的角度思考问题。慢慢地，通过潜移默化的方式，让微笑和倾听成为班级学生性格特质中的一部分。

四、选择适当的非正式交流场合，创造随机性"遇见"

教师与学生交谈总是离不开具体的场合，选择交谈的场合也有艺术。北京十一学校的李希贵校长有个对学生的特殊奖励是：和校长一起吃午餐。这背后隐含的教育原理就是给学生创造生活化的空间，和学生随性聊天让他们不觉得拘束。可见，教师巧妙选择适当的场合与学生交流也是一门学问，谈话场所的选择往往会影响人的心理情绪，对语言交谈有诱发作用和暗示作用。

教师要有意创造多种遇见可能，多参与一些学生的集体活动，一起活动的过程中会有大量自由交流的时间和空间。国外有学校在开学第一天要求全体老师和学生跳大绳，其目的就是让师生间因为跳大绳活动而拉近情感距离。

一般而言，活泼开朗的学生会主动与老师打招呼，而那些见到老师有意躲避的学生，则更需要我们的格外留意和积极主动。班主任还要用心把握生活中寻常遇见的机会，比如在操场上、食堂里或走廊里，见到学生时用微笑或手势等自然、谦和友好的方式与之打招呼，让学生感受到老师对他的关注与热情，用行动让学生感受到你对他们的爱与理解；再如在集会或上操时，班主任有意识地走到内向的孩子身边，和他们低声简单交流或仅仅是帮他们整理一下衣袖或发丝；又如课间游戏或阳光体育时，留意孩子们玩什么游戏，主动走过去加入到他们的游戏之中，或者向他们请教游戏规则等。这些看似无意的互动，都会拉近师生之间的距离。

借用多种间接沟通媒介

在互联网时代，人与人之间的交流更加便捷，形式更加灵活。师生间的交流，除了最常规的面对面的交谈外，老师们都会考虑根据学生的年龄特点及喜欢的方式，通过微信、电子邮件、手机、QQ等媒介与之互动交流，增进沟通。但是摆在老师们面前的一个现实问题就是时间的有限性，一个班几十名学生，受时间和空间所限，这种个别谈话的方式只能适用于"特殊"学生的特殊话题，常态性的一对一深度交流不太现实。这里重点介绍几种"走心"式群体交流方式，可增进班级学生与学生之间、老师与学生之间、学生与家长之间的多维互动，近距离的接触可增进了解，有助于营造班级整体正向交流氛围。

一、"走心式班会"

主要针对班级多数学生普遍存在的思想与心理等方面的问题，进行有目的、有针对性的专题性辅导，例如如何提高学习效率、和家长产生意见分歧怎么办、怎样把握人际交往中的礼仪问题等等。这需要班主任做大量的摸底、调查、统计、整理等有关的信息收集与分析工作，并注重交流过程中师生之间的互动，使交流不仅具有真实性与专题性，而且具有互动性和可交流性。

二、生活随笔式"循环日记"等互动性书面交流

班主任通过学生的周记或作文、总结或班级值日日志等，了解学生在思想、学习、生活中存在的问题，并依据自己的分析与判断，写出对学生存在问题的看法与建议，指导学生的日常行为；学生也可以写出自己的见解、想法与体会，形成师生之间在书面上的双向交流。

笔者近年来运用比较多、效果比较好的互动式书面交流方式是生活随笔式"循环日记"：以小组为单位，每天由一名组员书写生活随笔（生活中真实的小事），可以抒发感慨，也可以记录观察发现，还可以是表达各种建议或感想，内容不限，但要求真实具体。组员之间互读并用简洁的语言或表情符号对同学表示肯定和鼓励，班主任也努力做到每天按时批阅，留下真诚、具体的感言与学生交换思想和传递情感，而不是简单地进行等级式评价，这样做的效果一直很好。

三、班级集体网络平台互动交流

充分发挥班级网络平台的优势，例如在班级博客或公众号上发布某一主题，让学生展开互动评论或发表观点，可以不留真实姓名，自由发表自己真实的观点与感受。教师可借助虚拟网络平台，与学生进行各方面的交流、沟通，了解他们的心声，在平等互动交流中达成共识。

四、"第三方亲（友）情互动驿站"

要想走进学生的心灵，全方位了解学生，与家长的沟通少不了。班主任要主动与家长沟通，关注学生在学校的生活细节中体现出来的特质及态度，发现闪光点，给家长以适时反馈，对于发现的学生成长中需要改进的习惯或人际交往方面的问题以寄语或建议等方式和缓地提出来，再拜托家长和孩子坦诚交流，把要求渗透在期待里。让学生从家长口中感受到老师对他的关注及期待，让学生感受到老师对他的肯定，往往会收到意想不到的好效果。

在小学高年级或初、高中，还可以将与学生的朋友或父母以外他所信任的亲人之间的沟通，作为与学生交流的辅助通道，即借助于他们之间存在的亲（友）情与信任关系，委托他们与学生进行交流，侧面聆听学生的真实心声，传递我们所要表达的意思。这种"第三方亲（友）情互动驿站"，会让学生感受到被关注、被信任的温暖。

五、借用"影视故事媒介"

针对学生成长发展的需要，可利用丰富多彩的社会资源，组织学生观看经典影片或阅读经典书籍，开展影视鉴赏和读书分享会，在观点分享和碰撞中，逐渐达成共识，寻找心灵沟通的密码。

六、自媒体式自主表达

每个心灵都需要出口，青少年更需要，班主任要引导学生从小为自己打造一个心灵后花园，养成自我反思和记录的习惯。比如当前的QQ空间和微信朋友圈，以及美篇、小影等各种自媒体，给学生自由表达提供了便利。学生可以借由网络空间书写私人性的心灵日记，同时可以阶段性借由某一主题（专题）让学生进行资料收集与整理，同学间、师生间相互"串门"点赞、留言互动。

蹲下来、融进去，和学生"在一起"

当下，学生接受新事物的能力比我们成人要快，获取新信息的渠道比我们成人也要广。班主任要想营造一种师生情谊相通的班级人际交往氛围，首先要从自己放下身段做起，从转变自己教育者的身份做起。我们要认识到自己不再是知识的权威，不再是一个班级的掌控者，而是同路人、领跑者，是交换意见的参与者，是同在思考的参与者和促进者，要和学生平等交往。交往中要学会聆听，学会袒露真实的自己；学习如何热爱这个世界并使它更富有人情味；学习如何创造并通过创造改变自己；学习勇于面对自己的不足，并努力改进，成为更好的自己……让学生感受到一个真实的并且努力自我完善的你，他们甚至还会主动"伸出援手"帮助你呢。分享我的一段亲身经历：

"N、L"不分的语文老师

我的老家在湖北，湖北方言里"N、L"不分，有时发音二者恰恰相反。从小到大身边人都这样发音，自己也听不出二者的区别，后来觉察了想纠正总是很困难。到深圳后，班里有来自全国各地的学生，部分来自北方的学生发音非常准确。语文课上，一遇到"N、L"的发音时，我有意矫正，还是不时说错。我曾与班级学生约定，早读检查预习时，首先由学生检查老师的朗读，遇到老师发音不准的地方，全班学生齐声把老师读错的字音矫正两遍，我跟读两遍。起初，有些孩子还不敢，进行了几次后，学生们感受到了我的真诚，每每遇到有关"N、L"的字音时，他们就自然和我一起读出来。下课了，还有同学主动教我怎么发音。有一天，我竟然收到了一个学生精心帮我整理的常见"N、L"同音字的小册子，看着册子上学生稚嫩却认真的字迹，我的眼眶灼热了。

帮我矫正"N、L"的发音，不知从什么时候从课上延伸到了课下。孩子们课间似乎格外愿意围着我说话，而我们之间已经不限于矫正字音了。他们还愿意大胆评价："老师，你今天的裙子很漂亮。""老师，你穿高领毛衣脖子会不舒服吗？我看着脖子就痒痒。""老师，你今天的发型好特别！"……

我偶尔会给学生布置一个特殊作业：给老师找缺点，提建议。孩子们也愿意给我提各种建议。对于学生的每一条建议，我都认真品读并且给予及时回复，有的甚至在全班提出来，请他们监督我改正。

……

从"N、L"发音的矫正到找缺点，让学生真正地体会到师生之间的平等关系，增进彼此之间的感情。作为班主任，我在这个过程当中也发现了自己的不足，并且及时改正，让学生看到老师不仅是个也会犯错误的普通人，还是个有错就改努力做得更好的积极人。这些心理感受会自然拉近师生之间的距离，使师生获得心灵上的平等。

现实中有部分教师为了维护自己在学生面前的良好形象，在与学生交往的过程中，有意或无意地伪装自己，这种"戴着面具"的交往很难深入孩子内心，不仅不能实现师生之间的良性互动，更不利于教师的个人成长。

反之，如果我们真诚地让学生帮忙找缺点，"蹲下来"与学生交流，便意味着真真切切俯下身来，聆听学生的真实声音，感受他们心底最真实的成长需要，接纳当下的他们，接纳班级所有的孩子。班主任也会在与学生共同经营的教育生活中感受到来自学生的信任和期待，感受到为师的幸福，享受到教育生活的润泽。

总之，在师生交往中，只有当教师把自己视为终身学习者、不断成长中的人，才会敢于在学生面前展现一个真实的自己，才不会因为学生对自己提出真诚的建议而觉得有失尊严，相反他会把学生当作自己的一面镜子，在与学生的交往中彼此促进，共同提高，追求更高意义上的教育生活价值——师生的心在一起，师生间情意相通。

无声胜有声，巧妙化解师生冲突

古代有位老禅师，某天晚上看见墙角边有一张椅子，有人违反寺规越墙出去溜达了。老禅师也不声张，走到墙边，移开椅子，就地而蹲。少顷，果真有一小和尚翻墙，黑暗中踩着老禅师的脊背跳进了院子。当他发觉刚才踏的不是椅子，而是自己的师父时，惊慌失措，张口结舌。但老禅师并没有厉声责备他，只是以平静的语调说："夜深天凉，快去多穿一件衣服。"这个故事到此戛然而止。试想，面对师父如此包容与平静，小和尚内心作何感想？

师生关系的基本特点之一就是教育性，就像故事中的师父和徒弟之间，总免不了教育与引领。尤其是面对学生出现错误或者师生间产生矛盾和冲突时，班主任处理矛盾冲突的方式，不仅影响着当事人与老师之间的关系，甚至影响着全班师生交往的质量。笔者有个朋友，在初中时曾经是英语课代表，口语特别好，考试成绩也一直名列前茅。英语老师有一次当着全班同学的面，脚踹一个上课与同桌嬉闹的男生，男生不服气顶撞了几句，英语老师拿起讲台上的米尺直往男生背上打去，直到尺子断成几截。朋友说自此之后，她开始厌恶英语课，每次上课故意睡觉或者躲在下面看小说，英语成绩一落千丈，直到初三换了英语老师，她才下狠心补习，以提高成绩。

这虽是个特例，但值得我们省思：我们对待学生的态度直接影响着全班学生对班主任（老师）乃至你所带这门学科的态度。赞可夫曾说过："就教育上的效果来说，很重要的一点是要看教师和学生之间的关系如何。"只有教师和学生关系良好，保持积极、平等、平衡的人际互动，教育教学才能有效实施，学生才能健康成长，教师才能感受和享受教育的幸福。

不管哪个阶段的学生，都是成长中的人，都会难免有犯错误的时候。而作为班主任，也是有血有肉的平凡之人，面对今天个性突出的学生，教育教学过程中师生之间产生一些矛盾冲突也在所难免。遇到冲突，巧妙化解是良方。

来看一个故事：

一堂英语课上，学生小红由于未能听清老师所讲内容，便声音较大地询问起他的同桌。一向严肃认真的马老师并不清楚其中原委，较为严厉地斥责小红破坏了课堂纪律。小红不服，与老师顶起了牛，一气之下，马老师当场宣布，小红必须公开认错，否则下一堂英语课不得进入教室。

此事传到班主任那里，班主任还在思考如何"圆融处理"这件事时，马老师主动找班主任说这件事到此为止，他已决定撤回先前的"宣言"。

原来，"出事"以后，班长小强当即找来小红，通过谈话，小红马上认识到了自己的不是。当天中午班长小强召集部分骨干与小红一起，精心拟就了一封劝说信，并由小红亲自送到了马老师的手中。奇妙的是，这封信竟成了开启师生矛盾之"锁"的一把"钥匙"。

信是这样写的——

马老师：
　　你好！
　　现在，外面的阳光真好，虽然，有时会飘过一点阴云。老师，您还在生我们的气吗？您是我们最为尊敬的老师之一。这不仅仅缘于您渊博的学问，严谨的治学，更重要的是，您有一颗跟我们跳动在一起的心！到现在为止，我们还在猜测您当时的心境。同学们都认为，如果不是因为某种缘故，您断然不会有当时的"怒"言。是的，我们还很随便，有时不够注意课堂纪律。同时我们又很"孩子气"，就是生育我们的父母，我们有时也动不动跟他们怄气，闹情绪——仅仅因为他们说重了我们一点。您看，我们是多么淘气。老师，您又戴起了老花眼镜，在办公室为我们悉心批改作业了吧——很是懊悔的小红期待着，我们全班同学都在祈祷着：愿明天又是一个艳阳天！
　　此致
敬礼！
　　　　　　　　　　　　　　　　　　　　　您的学生　敬上

班干部的积极行动，一封情真意切的信件，化解了一场师生冲突。案例中化解师生矛盾的主体不是班主任而是学生，班干部用主动的态度和真诚的劝说，不仅化解了一场师生之间的情感危机，也顺利打破了彼此间的僵持局面，不得不让人折服现如今学生的智慧。

　　深入分析，造成师生间冲突最重要的原因是师生"权力"的不平等。在具体教育生活情境中，很多班主任（老师）还是以"权威"自居，就像案例中的马老师，小红同学当时大声说话确实影响了课堂纪律，但是让马老师如此生气的根本原因是他觉得小红当众顶撞，是对他的不尊重，在全班面前影响了他的"威严"。为了挽回所谓的尊严，就要求小红必须公开道歉。如果站在学生小红的角度想一想呢？她是否也觉得老师有些小题大做，心有不服甚至心怀怨气？

　　当然，当前师生关系似乎也走向了另外一个极端：因为担心学生心理脆弱接受不了批评，学生出现了错误也听之任之或者淡然处之，这也是对学生成长的不负责。学生出现了错误、师生之间出现了矛盾，班主任应理性对待，采取学生易于接受的方式，以不伤害学生身心的方法去沟通和解决，就会减少甚至化解很多师生间不必要的冲突和误会。

❯ 典型案例

心里话，愿意对你说

　　苏霍姆林斯基说：教师，要爱护儿童对你的信任。学校里的学习不是毫无热情地把知识从一个头脑装进另一个头脑，而是师生之间每时每刻都在进行的心灵的接触。所以我们要像爱护最宝贵的财富一样爱护儿童对你的信任这朵娇嫩的花儿。

　　学生，尤其是小学生，一开始与老师接触时，大多都是对老师抱着信任的态度的。渐渐地，随着他们年龄的增长，也受师生之间交流方式的影响，我们会发现他们越来越对老师好像有"提防"，不再像低年级那样叽叽喳喳，凡事都愿意和你分享了。这是成长的表现，也提醒着我们要用更合适的方式，找到合适的话题与之交流。每个老师都应用自己擅长的方式努力走进学生的心灵。作为一名语文老师，多年的经验告诉我：除了口头交流之外，工作中适时采用一些书面交流的方式，比如随作业本夹一张小纸条，或者在他们的日记本上留一段真诚的心里话，都会起到增进师生感情、传递信任的作用。后来，我索性借六一儿童节，送给每个孩子一个精美的小笔记本，告诉他们：每个人随着年龄的增长，都会有一些话只想说给自己或自己信任的人听，老师送给大家这个笔记本作为大家的"悄悄话本"，内容可以是写给自己的悄悄话，也可以是写给老师的悄悄话，当然也可以是写给爸爸、妈妈等其他人的悄悄话。我真诚地表达了自己的期望：我愿意成为大家的好朋友。如果信任我，给我写了悄悄话后，请早上到校就放在我的办公桌上，我无论多忙，一定在当日回复并归还大家的"悄悄话本"。

我在每本的扉页上都写了几句话，当日，每个孩子收到这样一份礼物都表现得很开心。我想人与人之间的深度交流勉强不来，所以这种没有硬性要求的期待，我也保持着一份平常心看待。第二天早上到校，我惊喜地发现办公桌上整整齐齐地放着一大摞笔记本，一数有近20本。

接下来的日子，我陆续收到学生写给我的悄悄话，无论多忙，我都会认真阅读并且认真回复。没承想，和玲玲这一交流就是三年，几乎一天一篇，有时一个晚上她会有不同的话题，一口气写几篇给我。我成了她的倾诉对象，她看到什么现象，读了什么书，都愿意和我一起分享。在不断的师生交流中，她渐渐获得了自信，这是我感到最开心的事。常常会收到她发自内心的祝福与感激，有时自己已经忘记了的话都被她记得清清楚楚。

毕业时，当玲玲把三本用彩带捆扎着的"悄悄话本"双手递给我时，我眼睛灼热了。一页一页翻过，昔日的一幕幕从脑海里闪过。不能不感叹文字真是个好东西。无论一起经历了怎样美好难忘的岁月，无论记忆力多好，如果没有文字的记录，一切都将逐渐消逝在时间的长河里……感谢玲玲，如此完好地保存了我们这几年的悄悄话记录本，那是一段怎样的心灵穿越啊。字里行间，一个怯生生的、无比自卑自闭的女孩儿慢慢变得阳光、自信起来……

有什么能比看着一朵花开更喜悦的呢？又有什么能比陪伴着一个年轻鲜活的生命不断成长更幸福的呢？

回想那一段书写悄悄话的日子，真的何其美好。玲玲是那个班同学中的代表。其他同学虽没有玲玲这么坚持，但很多同学也都愿意在某些特定的时候，通过书写悄悄话向我倾诉当时的所思所想，也有的孩子最后养成了用书信的方式表达自己的感情。这些纸质信息，来自孩子们心灵的隐秘角落，传递着对老师满满的信任。

爱需要回流，信任亦是如此。每当收到孩子们的悄悄话的时候，我总会第一时间阅读并用心回复，偶尔会找个特殊场合和孩子私下交流。转眼，这个班的孩子已经上大学了，还有很多孩子会抽空返校来看望我和科任老师，还有几个孩子一直保持着和我邮件往来的习惯。我想，这与当年通过悄悄话建立的信任感分不开。毕竟，在悄悄话里写的都是孩子的生活和心声，更贴近生活，更贴近心灵！

我们常常说，教育首先是心灵的教育，从这班同学的悄悄话交流中我认识到：教师真正能够与学生交朋友，就要学会用心去感悟学生，眼睛里不能只盯着分数，只盯着学习，教育很多时候在学习之外。假如在我们心中，每一名孩子不仅仅是给我上交作业、回答问题的学生，而是一个活泼泼的孩子，一个鲜活的生命的时候，我们可能会从他身上感受到更多，回应也会更多。"悄悄话本"，成为开启学生心灵的"钥匙"。每个善于与学生沟通的老师，手中都握着这样一把"钥匙"！

> 温馨贴士

双向互动是师生情意相通的关键

教育过程是师生双向理解的过程，这种双向理解是不断生成、变化和延续的，彼此之间相互影响、共同成长。但在现实中，我们通常把师生之间的交往狭隘地理解为教学中教师与学生以知识为媒介的必然性交往。当教师成为知识的占有者或代言人时，教学过程就成了向学生传递知识，学生被动接受知识的过程，最后形成师生交往事实上的不平等。师生之间有的只是冷冰冰的知识传递，而没有精神交流，上完课离开教室就意味着与学生交往的结束，这种交往模式自然带来师生之间感情的疏离。不单如此，在师生交往中，教师教学方法不当、学生"表现不好"、教师态度生硬等因素，会导致师生间产生心理冲突，造成师生关系紧张、对立。这种以知识教学为唯一目的的师生交往活动，忽视了师生之间的精神互动和心灵共振，忽视了师生共同生活中双方作为有血有肉的人的成长意义，造成教师与学生交往中的"精神缺席"，产生师生交往阻隔。

实际上，在师生交往中，学生常常是喜欢主动亲近老师，与老师沟通的。但老师因工作中的种种问题，有意和无意间忽略了与学生的沟通和交流。当一名学生主动亲近我们的时候，如果得到的不是积极的回应而是敷衍性的应付，他的心扉就会渐渐对我们关闭，彼此之间的感情也会越来越疏离。"老师是否喜欢我""老师认为我怎么样"常常是中小学生判断自己能力和师生关系好坏的主要依据，直接影响到学生的学习态度、行为动机及进一步的师生互动。

因此，在师生交往中，班主任要善于通过言行向学生传递你对他的关爱。如学生生病时一句温暖的问候，学生犯错误时一个宽容的微笑，学生畏惧时一个鼓励的眼神，学生失败时一次真诚的鼓励，都会让学生感动，感受到师爱的温暖。班主任正是通过日常生活中的细节对学生进行言传身教，在师生多维互动中，让学生学会同情、学会快乐、学会自信、学会用心灵去关怀他人。

同时，学生的行为同样会对教师产生很大影响，构成师生影响的双向交互性。师生间的这种双向、交互的影响不是一时的、间断的，而是连续的、循环的，还会对师生间以后的互动产生影响，从而表现为一个交互的循环过程。师生关系正是在教师和学生相互影响和循环往复的互动过程中不断发展的。

教师应在师生互动中积极调整自己的行为，同时应对学生的行为给予及时的反馈，有意识地营造良好的师生互动，以达到预期的教育效果。比如节日里，教师收到学生的祝福卡，应及时表达自己真诚的感谢。

总之，师生既是教育中的人，也是生活中的人。师生交往中，教师的言行举止对学生有巨大的榜样作用。经常表现出好奇心和思想的开放性、反思批判性的教师，敢于在学生面前承认错误、暴露自己的无知、坚持追求真理的教师，对生活充满信心、积极进取的教师，能对学生产生积极的影响，引导交往中的学生生成相同的品质和态度。希望学生成为什么样的人，首先需要我们自己成为这样的人。现实逼着我们必须重新认识自己，不断完善自己，以满足社会对我们的角色期待。

在具有共同体意识的班级中，师生平等对话的关系得到进一步彰显，这促使教师进一步端正自己的角色。研究表明：儿童从教师和父母对待他们的方式中学会怎样对待他人，一个一贯对学生讲话温和并尊重学生的教师，他班里的学生更有可能讲话温和，彼此尊重。教师的言谈行为所实际表露的德性品质和价值观对学生的影响是深远的。因此，日常交流中，师生之间的真诚、友好交往也有利于在班级营造出健康、和谐的对话环境，带动学生与学生之间、学生与科任老师之间展开积极、和谐的对话，并且在对话的情景之中，帮助学生实现真正意义上的选择自由、相互理解、相互肯定。

在师生交往中，只有当班主任把自己作为终身学习者、不断成长中的人，才会敢于在学生面前展现一个真实的自己，才不会因为学生对自己提出真诚的建议而觉得有失尊严，相反他会把学生当作自己的一面镜子。不应将师生交往只作为一种工作行为，而应作为一种生活方式，与学生一起共享交往中蕴藏的巨大财富，汲取生存的力量而活出生命的意义，在与学生的交往中彼此促进，共同提高，实现更高意义上的教育生活价值。

第六章

班级日常管理：
从惩戒式约束到导行式期待

CHAPTER 6
从班级到成长共同体

第七章

人际交往：
从单向度交往到多维度相处

赫尔巴特说："世界上有两件事最难做，一是管理，一是教育。而班级管理就是集这两件事于一身的最难做的工作。"这句话道出了班主任工作的本质。班主任工作离不开班级管理，而管理的目的在于教育。然而，什么样的班级管理真正具有教育性？例如跑步，班主任的考量标准肯定和体育教师的考量标准不一样。跑操的形式多样，班主任认为学生需要培养什么，就应争取用相适应的方式进行训练。班主任可根据学生的心理及身体特点，设计出体现教育理念的跑操方法：如果班级学生懒散，你可以要求齐跑；假如班级学生缺乏竞争意识，可以设计成计时加分跑；如果班级学生依赖性强，自主性不够，则可以让学生自主管理，自主锻炼；当然，如果你想让学生体验身体极限，还可以设计出极限跑等。总之，管理的目的不在于管理，而在于实现某种教育目的，渗透某种教育理念，从而达到长善救失的目的。

可见，单从一个跑步运动，就能体现班主任班级管理的价值取向。班级日常生活中，班主任与学生的相处之道和班级建设中方方面面的做法都无不体现着班主任的教育理念。坦率地讲，在班级日常生活中不乏种种伪教育现象，需要我们甄别、判断，恪守教育本质原则。

比如众所周知的"事事有人管，人人有事管，人人有人管，人人能管人"是时下比较典型的班级民主管理说辞，理论上很正确，但在实际工作中，怎样才算真正意义上的民主管理呢？不同特质的学生不同维度的活动能一刀切分派吗？显然不行。那么，班级管理中班主任到底"管什么"？是不是事事"安排了人"，人人都有"事"就算实现了自我管理？民主管理就是全然的放手吗？如何"管"才能实现教育的根本目的？我们需要对常态管理行为进行深刻反思并审慎定位了。

> 带班困惑

民主讨论的结果,家长还投诉?!

　　自小学一年级开始,睿睿课堂上总是随意走动、不受纪律约束,并有暴力倾向,此行为一直延续到四年级依然没得到改观。家长无奈,说他有轻度自闭倾向,希望老师网开一面,请班级同学多加包容。班主任也曾在班级委婉提醒同学们在和睿睿相处中懂得保护自己,也尽量包容他一些。可是,睿睿动不动就在同学面前大发脾气,时而动粗,全班同学对他只好敬而远之,家长们对此也心有积怨。在一次课间休息时,睿睿故意把篮球扔到同学身上,砸破一同学的眼镜并造成其面部流血,众家长们再也无法忍受,几名家长直接在班级微信群里发言,要求班主任给睿睿家长说明,带孩子去看精神科,如果有特殊问题请转到特殊学校,不能再让班级同学天天生活在他的"阴影"之下;也有家长直接说,睿睿家长应把孩子带回家停课调教,促其深刻反省并吸取教训。

　　面对家长们的怒气,班主任左右为难,一方面理解家长们的怨气,另一方面又不能私自让睿睿家长把孩子领回家。经过考虑,他决定以民主的方式解决睿睿的问题。班主任根据"对重大事件进行民主议事"的班规原则,组织全班同学投票,决定是否让睿睿由家长带回家自我教育一周。结果,几乎百分之百的同学投票同意让家长带他回家。

　　班主任把事情原委写了个情况说明,附上学生的投票原始单据,转交给睿睿家长,希望家长予以配合,能够主动把孩子留在家中。没想到,第二天就收到学校德育处的反馈信息,睿睿家长向学校投诉该班主任"组织全班同学投票,让他的孩子成为众矢之的,对他的孩子造成了心理伤害"。

　　睿睿班主任得知此消息,很是愤慨,自己带这个班一直兢兢业业,这次让睿睿回家反省一周,实在是他对全班同学造成了负面影响,这也是众多家长和全体同学共同商议的结果,作为班主任是照顾一个孩子还是尊重大多数人的意愿?自己错在哪里了?

上述案例从某种程度上反映出当前部分管理者（班主任、德育工作者）对民主管理还存在一些认识误区，案例中班主任以"民主议事制"产生的结论作为民主管理的标准，而忽视了一个更重要的教育问题：班级中出现的严重纪律问题，背后都有深层的原因，而严重违纪表现往往只是冰山一角。班主任在面对严重纪律问题时，要追溯纪律问题背后的根本原因，选择问题解决的最优化方式。

回到这个案例中来，即便睿睿家长能接受"民主决议"的结果，把孩子带回家，睿睿的暴力倾向就会因此得到改善吗？个别学生的行为问题与班级秩序问题，个体学生与全体学生的融入与彼此接纳问题，全体家长对个体学生行为表现的介入程度问题等等，这一系列日常管理问题都牵扯到班级的制度理念。我们在讨论班级日常管理的创新性时，一定要建立在对班级日常管理科学理性认识的基础之上，同时我们还要认识到班级管理渗透在班级建设的方方面面，比如班级文化建设层面的制度文化、班级活动中的组织实施、班级评价中的评价策略等，都无不彰显着班主任的管理理念。本章聚焦班级日常事务和学生日常表现的科学管理问题的探讨。

创意策略

把握班级发展节奏：从底线规约到自主建设

任何事物的发展都自有节律，根据班级发展的一般规律，笔者把班级发展分为三个阶段：初级松散阶段、中期磨合阶段、后期发展阶段。不同发展阶段，班主任在班级日常管理中，关注点不同，目标也应有别，才能更好地实现管理即教育，管理促发展之目的。

一、初级松散阶段："事"先于"人"的底线规约期

成熟班主任与年轻班主任之间最大的差别就在于，双方在特定阶段在班级建设中的着眼点不同。年轻班主任往往容易陷入眼前事务和个别学生纪律问题的纠结中，影响对班级整体发展的准确判断，也因此错过了班级

初级阶段底线规约认同的最佳期。

需要明白的是，在建班初期（新接手的"老"班，也存在前期了解和规约阶段），由于班主任和学生之间，都还属于相互了解阶段，班级向心力还不强，学生对班级事务也都处于观望和被动接受安排阶段，整个班级呈现松散状态，这时班主任的一言一行直接影响着班级发展。

在这个阶段，班主任要看到整体，从班级发展大局出发，建立基本的班级日常行为规范，比如出勤和服装要求、课前准备和作业上交要求，临时班委的组建，以及班委基本职责的规定等，从稳定班级大局角度提出基本规约。一般而言，在建班初期，个别问题生也处于观望阶段，即使有些小的行为问题，班主任抱着"相信他不是故意的，会主动改变"的心态去包容和适度提醒，传递信任和期待，而不在小事上紧抓不放，不仅可以让自己更有心力关注班级整体发展，也能让这些学生在初期感受到信任和包容的力量，为后续跟进性教育打下良好的基础。

二、中期磨合期：从"事"到"人"的群体交往磨合

经过建班初期的基本行为规约之后，班集体的雏形开始形成。经过前一阶段的共同生活，同学之间、师生之间日渐熟悉，产生了一定的人际关系，班主任对班级中的所有人也有了更全面的了解。班主任这时要侧重激发学生参与班级事务的热情，推动班级事务的落实，引领每个孩子的成长。

1.从班级岗位建设入手，激发学生对班级的责任感

在班级发展中期，班主任要侧重培养一批得力的班干部，通过多个岗位设置激发全体学生共同参与班级事务的热情，并且尽量让学生以团队协作的方式参与班级事务，以此促进班级学生之间的互助交往；再通过岗位设置，促进学生对班级事务的承担、对班级发展的关注，促进班级凝聚力的形成。

2.开展各类活动，发现每个学生的闪光点

如何实现中期阶段的从"事"到"人"关注重点的转移？开展针对性班级活动无疑是重要的方式之一。通过鼓励学生发起、组织和参与各类班级活动，班主任关注每名学生在各类活动中的参与积极性和能动性，进而

了解每个孩子的不同性格特质，做到因势利导，努力实现班主任与学生之间的心灵对话。师生间唯有情意相通，才能更深入地彼此理解。

同时，班主任要主动与家长保持常态联系，与家长互通信息，引导家长携手有效陪伴孩子，使其成为孩子成长背后的重要支持性力量。

三、后期发展阶段：班级品牌建设

有了前两个阶段的过渡与准备，班级日常管理就应该从日常事务管理发展到班级品牌建设，一切班级日常事务围绕着班级特色发展目标而服务。这个阶段，就日常管理而言，班主任在推动班级品牌建设的同时，需关注班级不同类型孩子的全面发展，促进全体学生自我管理能力和领导力的发展。

1. 品牌建设的感召力

班级日常管理，离不开精神引领，我们的班级日常管理目标是推动班级品牌建设。要通过班级文化建设系列做法，发挥品牌建设的感召力，让学生对班级产生新期待，同时对自己的日常行为有新的规约意识。

2. 充分发挥非正式群体对班级建设的新生力量价值

当班级学生彼此了解之后，逐渐形成的非正式群体组织在班级成了一种客观存在。这些非正式群体以多种方式而结缘，有兴趣相投聚到一起的，也有家庭背景相近而有共同话题的，等等，我们不能简单地以"小团体"来判定这些非正式群体。相反，班主任以开放、包容和促进的心态，引导这些自发的非正式群体组织开展有意义的探究性活动，或者共同承担班级某项事务，对他们进行引导、转化和帮助，充分发挥其积极作用，就会使其成为班级品牌发展的重要力量。

比如，笔者的班级曾经冒出一个"地下作坊"——三五个女孩子一起进行手工印章或小挂饰的刻制，并且在班级私下售卖。如何正向引导？我以班级社团招募的名义让这个小组"合法化"，同时委婉交给她们一个任务：手工制作班级奖品。她们需要提前了解班级同学的需求，进行量身定做，然后明码标价，以班级班费统一购买过来，成为班级奖品。当然，因为班级成为他们的"销售基地"，她们获得的"利润"要有一部分返还到班费之中。

这样一来,一个"地下组织"就变成推动班级特色活动的重要力量。事后我们发现,这些孩子的根本出发点就是享受制作和售卖过程中的心理愉悦感,赚钱是很次要的部分。六年级毕业时,这几个孩子把他们赚来的钱全部拿来给班级同学每人制作了一个钥匙链,这成为班级所有人心目中的美好记忆。可见,班主任深入学生实际,接纳他们的现状并巧妙进行正向引导是何其重要。

改变教育视角:从行为"矫正"到接纳唤醒

帕尔默在《教学勇气》一书中有这样一个观点:教学的成功与失败,教师是决定性因素,教师个人采取的方法和每天的情绪,是学习气氛和情绪的主要影响因素,身为教师具有极大的力量,能够让孩子们获得快乐或悲哀。我认同这个观点,班级日常管理中班主任以什么姿态和心态走向学生,决定了学生以什么姿态和心态走向他的新生活;班主任选择什么视角看待并引导学生的日常行为,影响着孩子的精神成长,也影响着班级的精神面貌。因此,笔者认为,在日常管理中,班主任在加强学生日常行为习惯养成的同时,要把握孩子的成长节律,关注孩子们的精神世界和精神成长。

"老师,××又没交作业……"

"老师,××和××又在走廊里打架……"

"老师,今天××在××课堂上画漫画被老师请出教室了……"

"老师,我孩子昨天在放学路上被××打了,请您解决一下……"

……

任何一名班主任,对以上类似语言都不会感到陌生。一个班几十名学生,总有一些让人不省心。面对这种情形,我们的第一反应是什么?长期"浸泡"在这样的语言环境之中心境会怎样?生气、抱怨、愤怒……很多负面情绪不知不觉间渐渐生成。冷静下来思考:这种负面情绪,除了影响心境甚至影响对事物的判断之外,没有任何积极作用。所以,我认为,想改正学生的不良习惯，首先得改变自己。

一、改变心态：接纳而非抱怨

"差异即财富"。谁都希望自己班级的学生个个都拔尖优秀，个个都懂事省心，可是每一个孩子的天赋、性格、成长的环境各不相同，在某些方面的表现"有快有慢、有高有低、有先有后"等都是很正常的。成长中的孩子必然会出现一系列成长中的问题，促使我们寻求解决问题的有效方法，并增长我们的教育智慧。如果我们能够调整心态，把表现差的孩子当作上帝送给我们的礼物，从心底接纳每一名学生，理解他们的行为表现，那么在工作中我们就会多一份平和与理性。

当然，心态改变需要一个过程，更需要我们进一步端正认识。首先，要有正确的学生观。学生是成长中的人，每个人在成长过程中都会犯这样那样的小错误，这都是成长中的必然经历。学生时时刻刻都在变化发展，班主任不要用老眼光看待学生，要善于全面认识、评价一名学生。不要因某一件事就对一个孩子妄下评论，尤其是刚接手一个新班级，尽量少从前任老师那里获取信息，而是自己多深入到学生中包括家庭中，全面了解孩子，不要因孩子的过去就推断他的未来，防止片面。

其次，树立正确的工作观。当一位班主任能正确对待学生，又能淡泊名利的时候，他的心态就会很平和，就会从容积极地应对工作中所有的问题，宽容坦然地迎接每一个班级，接纳每一名与其生命相遇的学生。这些都是说起来简单做起来难的事情。谁都不是圣人，我也喜欢自己班级的学生个个成绩优异，懂事文明，但是我经常会换位思考，假如我自己的孩子成绩差、调皮，并因此受到歧视或者忽略，我是什么感受？如果我就是那个孩子，将来我长大了这将是怎样一段记忆？这样想想心里就平衡了，心态也平和了。生活中很多时候一换位思考就会改变心态。

接纳也需要艺术，面对学生，要学会平等地给予，而不是居高临下地施舍和说教，这需要我们有意识地在日常工作与生活中不断自我修炼。

二、改变视角：反省而非问责

工作中我们会遇到这样一种现象：就算是一个很"差"的班级，经新班主任一带，这个班级可以在不长时间内成为一个"优秀班级"；相反，一个原本很优秀的班级，换一个班主任，可能过一段时间会变得很混乱。学生也是这样，有的学生在某一位教师面前可能表现得很上进，而在其他教师面前则可能表现得很散漫。这说明教师自身对班级和学生影响深远，可能是正面的，也可能是负面的。在面对学生或者班级暂时存在的各种问题时，假如我们能够多一些反省，不是简单地问责学生或指责过去的班主任留下了隐患，而是尽己所能寻找解决问题的出口，事情就会走向积极的一面。

不妨一起来回顾一下平常我们面对学生的某些"异常举动"时的表现：当我们面对"S同学在课堂上又睡着了，Z同学又在下面悄悄看课外书了，C同学今天早上又迟到了，Y同学课间又动武了"等问题时，我们的第一反应是什么？我们眼里有没有这个学生近来一段时间的具体表现，而不是某一天他有了异常举动我们才开始注意到他？假如我们平时没有留意每一名学生的情绪行为变化，假如我们对某些学生已经有了一些先入为主的成见，这就会使我们的眼睛蒙上一层迷障，不能细心体察问题背后的真正原因，而可能只为问题表象所蒙蔽，解决问题的方式自然就会简单而草率，也会因此导致更多的后续问题。相反，假如我们日常愿意多花一些时间去和学生平等交流，哪怕是一个异样的眼神，一种特殊的语气，一个复杂的表情……都将进入我们的视野，都有助于我们去捕捉学生的情感动态，了解其内心世界的微妙变化，正是这一个个特殊的教育信息蕴含着一个个教育契机。

三、多一些预设"干预"，少一些事后"问责"

学生在班级日常生活中出现的很多问题，是源于"他们不知道怎么做更好"。班主任在加强学生日常行为养成教育时，一定要有预设能力，在事前还未发生之前，教给学生如何应对的方法，这样就会减少学生日常行为失范现象。

举个小例子：学校统一给每个班级分发一些体育用品，其中包括十个呼啦圈。当生活委员把这些器具领回班级时，我就和同学们讨论如何保管这些器具，同时宣布几条纪律：呼啦圈只能在操场使用，且由几名负责人带到操场（路队中统一挎在左肩）后，再借用，使用完毕放到指定地点；不准在教室和走廊里玩呼啦圈，更不能在楼梯上滚动……由于之前讨论了这个问题，我们班早操时呼啦圈由专人挎在左肩整齐地进入操场，结束后又有专人带回，呼啦圈一直使用了一学年且完好无损，而邻班的呼啦圈不出一周已经损坏。因为在路队中有人拿着呼啦圈做"圈人"游戏，下课孩子们就拿呼啦圈当滚圈在廊道里滚，有的还被抛到楼下，因为游戏不当造成打人、撞人现象时有发生，年轻的班主任需要不断处理这些事，后来发出感叹："学校还不如不发这些呼啦圈，如今因为呼啦圈惹出这么一些事……"

不同的处理方式带来如此大的差异。本班因为事前简单的几句交代，就避免了这些问题的发生。而能够在事情发生之前做这些交代，是因为我之前就预料到学生在使用呼啦圈的过程中可能会发生什么问题，提前给予了制度规范，学生知道怎么做，自然不会惹出什么麻烦。

我们都知道，小孩子的很多错误都是在无意识中犯下的，他们起初并不知道自己的行为会造成什么样的后果。作为一名小学班主任，能够预测问题很重要。当然，不是所有的问题都能够预测的，但只要我们善于以教育的眼光去审视工作中遇到的问题，透过学生的一些表面的语言和行为寻找问题的本质，寻找问题的根源，而不是简单地就事论事，就能通过一个问题的解决实现迁移预防一类问题的发生。比如，通过学生课间游戏中的某一共性问题，引导全班同学讨论课间十分钟的科学安排和同学间的日常相处方式等。

顺应学生成长节律：从行为外塑到精神内省

班级日常管理的终极目的是实现学生的自我管理，班级的自主管理，能促进学生精神内省，实现学生的内生长。

班级自主管理要顺应学生的成长节律，使学生逐步从他律走向自律，充分发挥学生积极参与班级管理的自主性、能动性和超越性，在实践中培养学生的自我管理和自我判断能力。

一、由扶到放：把握学生自主管理能力提升的阶段性

班主任放手的程度，取决于学生自主管理能力的高低。而学生自主管理能力的提升具有阶段性，班主任应在不同阶段给予不同介入，逐步放手。

从学生生理发展而言，八九岁之前属于他律阶段，此阶段学生需要外界的提醒和行为具体规约导向，离不开老师和家长的引导，我们可以协同家长从学生自我管理入手，使其养成基本的自我管理意识和能力。就班级纪律风貌而言，若在低年级没有得到很好的引导，学生即使到了中高年级，也难以养成良好的行为习惯。这种情况下，班主任需要在班级建设初级阶段扮演主导角色，从学生当前需要强化的基础性行为习惯入手，着力培养学生的行为规约意识，通过班队会活动、辩论赛、情景剧等多种形式，让学生认识到"为什么要这样做而不能那样做"，不仅知其然，还要知其所以然，激发学生"成为一个更好的自己，携手共建一个更好的班级"的积极向上的意识，逐步实现从行为外塑到精神内省的转变。

每个孩子精神的唤醒与自觉省察个人行为，需要通过多重角色承担和多种生活体验来完成内化。比如，通过设置多种班级岗位，让学生参与管理，从而实现自我管理。通过民主、积极班级氛围的营造，引导全体学生积极行动起来，自觉承担班组各项事务，引导学生在岗位责任承担中提升自我管理能力；通过引导学生组织和参与丰富多彩的活动，在活动策划、实施和重建中获得多重角色体验，丰富内心感受，懂得换位思考，学会独处与共处。

二、从部分到全体：在日常管理中实现自主管理的全纳性

班级日常生活中的自主管理，若想实现从部分自主管理能力强的孩子参与班级管理到人人有热情有能力参与班级事务管理的转变，离不开班主

任的调控与指导。有经验的班主任通常引导所有学生主动寻找、发现班级所需要的各种职能岗位，自我申请，在自己确定的岗位上，主动、积极地履行自己的管理职责，同时又在其他事务上接受其他班干部的管理。这样，班级形成一个网状管理结构，每名学生不仅是班级事务的管理者，又是一名被管理者，在这种交互管理结构性交往与职责履行中，真切体验到管理工作的价值、意义，并积累相关的工作经验。

只适用于部分自主水平较高的学生的自主管理，不是真正的自主管理，也不能充分发挥自主管理的效益。班主任要信任每一名学生，帮助每一名学生找到适合自己的管理岗位，建立起自信心和使命感，让他们体验成功的喜悦，以此强化学生自主管理的意识和行为。

在班级自主管理的过程中，班主任要帮助学生明确自我管理的意义，要注意引发和唤醒学生的自尊心和责任感，要注意保护学生身上的一切闪光点，启发和鼓励他们努力上进，要善于利用有利条件和因素，激发他们积极进行自我管理。要注意采取灵活多样的方法，给学生提供机会，充分发挥学生的主体作用，让学生创造性地完成班级工作，实现学生的自我管理和自我教育。

三、从"管"到"理"：提升教育智慧

民主程度高、学生自我成长好的班级，靠的不是班主任的"管"，而是有赖于班主任的爱心、学识、人格魅力和职业修养。班级日常管理，不是靠行政管理的观念和方法来"管"学生，甚至"卡""压"学生，简单地规定学生必须做什么，禁止做哪些，而是需要研究和梳理班级问题，用科学的方法来解决问题。

因此，班级管理既要"管"，更要"理"。静态的、被动的、表层的"管"只是一种约束、制约，而动态的、主动的、深层的"理"，重在引导，重在提升，这才是管理的宗旨。所以，班级自主管理要做到"管"与"理"的有机结合：根据班级发展的阶段性，梳理出当前需要重点突破的问题，寻求最合适的解决办法；理清现阶段班级发展方向，立足起点、瞄准方向，制定科学的阶段性发展目标，引领学生拾级而上，让每个孩子在最近发展

区得到最好的发展。

> **典型案例**

自动自发为荣誉而"战"
——合唱节上的精彩

2016年春,我带了四年的班级进入毕业季。开学我们就计划着来一场特别的毕业盛典,学生和我都在课余作着各种准备,从毕业纪念册的修订到毕业晚会的组织及各科会考前的准备。进入5月,学校迎来了评估验收月,全体老师都在参与各科组听评课活动,我同时还在全力筹备工作室首次面向全区开放的大型论坛活动。而在5月10日得到学校通知,六一合唱比赛活动也要提前,挪到5月20日举行。时间紧,任务重。得失之间,我选择从简参与学校合唱节活动。于是召开班委会,把选歌曲等任务交代给文艺委员,排练统筹由班干部群体协调,并重申了重在参与、一切从简的原则。

简单安排下去,我就一门心思忙别的去了。

5月20日,是全校合唱比赛的日子,而我偏偏出差在外。临行前让班委组织在班内排练了两遍,我一听才知道孩子们还分了高低声部,感觉不错,就象征性地鼓励了几句,告别了孩子们。

20号下午我讲课结束,取出手机发现有10个未接来电,心头一惊。赶紧翻看,一些熟悉和不熟悉的号码都集中在下午四点左右给我打了电话,其中一个号码是代理班主任的,先后打了四次。再翻看手机,QQ上弹出数条信息,打开其中一条语音,传来了全班孩子们的声音:"王老师,我们得了特等奖!"再看代理班主任传过来的照片——孩子们簇拥在一起,捧着特等奖的奖杯,挤在镜头前向我报喜!我简直不敢相信自己的眼睛!

我赶紧拨通代理班主任的电话,她告诉我孩子们表现特别棒,全校48个班,低、中、高段各设一个特等奖,我们是中段(4—6年级)的特等奖。

这真是一份意料之外的惊喜!虽然我在临走前,已经感觉到孩子们尤其班委们与我对待班级合唱的态度不一样，也耳闻一些他们在组织排练时的"严苛"，但我想班级合唱是大家的事情，不是几个负责任的班干部所能带动的，也就没抱太高的期望。

当晚，在归途中又接到在比赛现场摄影的家长朋友的电话，告诉我孩子们是怎样的专注和努力，他当时感动得热泪盈眶，我也听得感慨万千。这真是应了"人心齐，泰山移"这句话。下面与大家分享合唱比赛前后的几个细节：

细节一：被调包的语文课。5月13日，我在学校报告厅主持全区论坛会议，语文课调成了阅读课，让语文课代表在上课时带同学们到阅览室进行自主阅读。没想到这节课被班委临时"调包"：上课铃响，同学们自觉在教室门外排队，被班长叫进教室候课，文艺委员下发两份乐谱，即即将排练的合唱曲目曲谱。有同学"反抗"：王老师安排这节是阅读课！班长在讲台前冷静回答：阅读课今晚回家大家自己补上即可，现在由文艺委员带着大家练习两首合唱比赛的曲子。有同学在练习合唱时不太积极，班长叫停，开始训话："这是我们小学最后一次合唱比赛，大家觉得是否要唱出我们六（3）班最好的水平？不愿意上台比赛的可以选择退出，决定参赛的就必须从现在开始认真唱。我数一二三，不想参加比赛的请举手。"教室一片寂然。静默两分钟，班长给大家鞠躬致谢，又说："谢谢大家！王老师很忙，合唱这件事我们自己能够做好，就不让她再操心了，再有十天就要比赛了。十天内我们只有四节音乐课，要学两首曲子，要想唱好，不容易，所以请大家珍惜每一次练习的时间。"

细节二：要唱就唱出高水准！14日利用自习课第二次排练时，文艺委员在班内组织讨论是否分高低声部。同学们讨论了一下，知道本次服装等各方面我们都很常规，只有靠唱功出彩。于是，大家一致同意分声部，靠唱功取胜！

细节三：不求"队形"整齐而保"声音整齐"。18日下午，孩子们站好队形试唱时，我发现队形不整齐，对班长低语是否要调整一下队形，至少保持整齐。班长的回答让我脸红："老师，我们调整过几次了，当前是相对好的队形，因为我们首先要保证高低声部的均衡，同时有些同学需要站在音准好的同学身旁才能唱准音调，所以……"

细节四：比赛那天中午，文艺委员邀请她妈妈及其他几位妈妈来给班级同学化妆。下午，他们认真看每个班的合唱节目，中途遇到颁奖时，班长组织同学们评议这些班级哪些方面做得好，哪些方面需要引起注意。比如上场时每个人的眼神和步态，退场时是否有序等，都被孩子们发现并予以提醒。

……

类似细节还有很多，再如比赛前两天下午，他们商议决定换一个指挥，原因是前任指挥两首曲子的特点没有从手势中反映出来。没有很好的人选时，文艺委员主动承担，事后妈妈告知，孩子连续两晚对着摄像机镜头反复练习，回放抠自己的每一个动作。服装只是礼服，但比赛前一周，班长已经联系家委会给每位同学网购了白袜，要求同学们比赛前一晚必须把黑皮鞋擦得铮亮。比赛当天上午，早读时间，文艺委员再次在班内播放音乐，强调每一个停顿细节。临到上台前，在观看了众多华丽上场的班级合唱之后，班长告诉大家："当前，我们唯一有优势的就是我们的声音了……"

赛后音乐老师告诉我，当孩子们唱出第一句时，她的眼泪不由得夺眶而出。她认为这是这个年龄段非专业合唱班唱出的最动听的歌声了，当天孩子们的表情个个都特别到位，每个调值都把握得特别好，高低声部配合得也极其好，因此完全是他们的投入和努力赢得了评委们的心……听到这些，我当时忍不住热泪盈眶。

我一直为没有亲眼见证孩子们小学阶段最后一次合唱而遗憾，也一直为有这样的学生而骄傲！那次合唱，我的缺席让我更真切地看到了一个自主、向上的班级的独特风貌！

比赛细节中，我听到的、看到的更多的是班长和文艺委员的各种努力和决策。但如果没有全班同学的心向一致，没有全班同学的共同努力，最终怎么会有这么圆满的结果？

苏霍姆林斯基说过，能够促进自我教育的教育才是真正的教育。当外在教育影响转化为受教育者的自我教育，才是成功的教育。检阅学生自我教育能力的最好时机就是他们在一些无教师干预的特殊事件上的态度表现。

2016年春季那场合唱比赛上孩子们的表现就是自我教育的最好注脚。

> **温馨贴士**

班级管理中的"术"与"道"

班主任的价值取向就是班主任在面对班级管理时所持有的价值立场及其所表现的价值倾向。在班级日常生活中,班主任的处事方式不仅直接传递这一价值立场,还隐性影响着班级学生的处事方式。且看一个真实的案例:

谁动了我们的薰衣草?

上周植树节那天,各小组种的薰衣草、玫瑰花种子陆陆续续发芽了,孩子们很开心,争相向我汇报小苗的生长情况,惹得那两个没参与进来的同学很是艳羡,他们也围过去观看,一样的兴奋。

上周周五早上到校,突然有同学向我报告说他们小组那棵发芽最早长得最高的小苗不见了!补充说前一晚放学时还看到好好的!并且还说有人看到是谁拔了他们的小苗……二年级的小朋友,对于他们猜想中的事情常常当成真相,这一点我早已经见识过,所以对于该同学后面补充的例证我不以为然。后来走进教室发现孩子们都在对这件事议论纷纷,我想"当事人"一定很紧张,决定暂缓处理这件事。在表示和他们一样的心疼之后,我安慰道:既然丢了,怕是找不回来了,现在最关键的是看好现在还存活的苗苗。

但是有几个同学大声说知道是谁拔的,还没等我回应就指着那两个同学,说出了他们的名字,那两名同学紧张极了,极力争辩。

我示意大家安静,问那几名"举报"的同学:"你真的亲眼看见了?"

"真的,我看见××那天早上又到我们的花盆边上了,后来我一过去就没见到那棵苗。"

"只因他当时站在你们花盆边上，就能确定是他拔的吗？"

"……"

另外一名同学说："我觉得是昨晚最后一个走的××拔的，因为早上我第一个来就看到我们的苗不见了……"

眼看着这两个被"举报"的孩子小脸涨得通红，连连否认。除了这两名同学外，我还发现了一双惶恐的眼睛和一张极不自然的小脸……同学们还在七嘴八舌地说着，我示意大家停下来，平静地问道："大家对小苗失踪表示遗憾很正常，但就算我们现在知道是谁拔的，小苗还会复活吗？"孩子们摇摇头。我继续引导："既然如此，我们何必去苦苦追究到底是谁呢？自从小苗出土，老师就看到所有同学都很爱惜它、怜惜它，我相信没有谁会恶意伤害它的。瞧，它们那么纤细，不小心轻轻一碰就可能损伤的……"

我停了停，继续说："大家都知道植物也是有生命的。有科学家作过研究，植物还能感觉到疼痛，它们可以看到东西，有嗅觉、味觉、触觉，可能还有听觉。植物甚至有类似人类的感情，它们在遭到伤害时，会迅速向周围的同伴报警，提醒同伴采取防御措施。"

孩子们个个眼睛睁得大大的，教室里安静极了，简直成了我的一言堂："所以，或许我们无意间的一个小动作，就伤害了这些无辜的小生命。我相信这样的事情再也不会在我们班发生了。我也相信那位损伤小苗的同学，心里一定很难过了。我们为什么还要责备呢？因此，这件事到此为止，我们再也不追究。但是，我想对那个不管是有意还是无心伤害了那棵小苗的同学说，请感恩大家的宽容，同时也要认识到自己的错误。一个敢于面对自己的错误，勇敢地承认错误并且决心改正的人，是了不起的。假如你愿意，也可以用你喜欢的方式告诉我你是如何不小心损伤了那棵小苗的，我会为你高兴，同时更会为你保密。因为你说出来或许更轻松……我期待着……"

几天过去了，没有什么动静，我们谁也没再提。

一天上午第二节课课间，课代表突然过来神秘地交给我一封信，说是某某请她转交的，打开纸条只见写着："老师，是我。因为我们组的小苗老是长不出来，我想拔过来栽在我们的花盆里，结果一拔根就断了……我有五积分,您多扣点儿吧……"

读完我迅速问课代表还有谁知道这件事,她说只有她知道。我让她和我拉钩一定要维护朋友对自己的这份信任,一定要保密,并请她转告朋友,老师为她能够勇敢承认错误感到高兴,老师不扣她的分,"惩罚"是让她对着镜子笑着对自己说:我是个勇敢的好孩子!

下午我去教室,默默走到给我纸条的孩子背后,轻轻拍拍她的肩膀,对她竖起了大拇指,我们相视一笑,像什么事也没发生一样。

在日常生活中,某个人无意间犯下错误在所难免,有时候班主任喜欢"穷追到底",以为一定查个水落石出才是最好的解决办法。殊不知,"水至清则无鱼",在班级事务处理上也同样如此,对于孩子们有些无意的过失,只要没有触碰道德底线、没有对他人造成伤害,班主任要善于用迂回的方式让孩子们意识到错误,改正就好。你必须很慎重地选择当前自己认为最好的方法,不伤害到孩子,要最大可能引领孩子的灵魂向着更高的高度去。案例里,我仅仅在处理"花苗丢失"这件事吗?我通过对这件事的处理,让学生学习宽容,不得理不让人;学习如何爱惜弱小的生命;学习要勇于面对自己的错误……一次简单的交谈,教育要素却很多。

作为班主任,你日常与学生相处中的一举手一投足、一句评判、一个眼神……无不折射出你的价值取向,也左右着班级舆论。你关注的是班级好的方面,学生也就学会了欣赏;你天天盯着问题,斤斤计较,学生群体间也会吹毛求疵,缺少宽容。试想,如果非要追责这个无意损伤小苗的孩子,在班级学生心目中是不是就种下了"锱铢必较"的狭隘?

美国学者麦金太尔和奥黑尔指出:"可以确定的是教师会带着一定的价值体系进入课堂,而你的学生也必定会或多或少地受到影响。你与教学环境、学生、其他教师的交流方式,你说的笑话、你带进教室的个人习惯无一不成为学生的行为示范。"

可见作为一名班主任拥有正确的价值观是多么重要,它直接影响着学生的人格形成。我们需要在学生的精神世界中真正地培植起信念、理想、爱心与希望,我们所做的一切才能真正成为造就完整的人的意义深远的工作。如果只看重眼前得失，忽视对学生精神成长的关注与心灵的呵护，如果班级日常管理工作的出发点只在塑造一个上级认可的"全优"班级而淡化学生品德养成的话，就失去了教育所承载的"价值引领"的终极意义了。

我们希望学生成为人格健全、有责任感的社会小公民，我们自身就应该拥有一个现代公民所必备的"责任、尊重、公正、善良、诚实、忠诚"等公民品质；我们希望学生成为有情趣、有个性、大气、有创新意识的优秀个人，我们就应该不断完善自我，培养乐观向上、豁达宽容的良好个人形象。一句话，我们想学生成为什么样的人，自己首先必须是什么样的人。一位宽容的班主任带的班级中一定弥漫着宽容的温馨气息，一位责任感强的班主任带的班级学生责任意识一定比较强，一位作风民主的班主任在与学生日常交往中，在班级日常事务处理与应对中，自然带给学生民主与尊重的真义……

第七章
人际交往：
从单向度交往到多维度相处

CHAPTER 7
从班级到成长共同体

第八章
班级活动：
从活动本位走向学生发展本位

教育是培养人的事业，面对未来，我们需要培养出综合能力强的适应性人才。何谓综合能力？"在生活的各个方面都具有普遍重要性的个人能力和人际交往能力，我们称之为综合能力。它更关注人们如何更好地应对自己的个人生活和人际关系，包括家庭角色、公民角色、工作角色等。"（戴维·珀金斯：《为未知而教，为未来而学》）

可见，"人际交往能力"是未来人才的重要素养之一。在信息化高速发展的今天，人与人之间的交往越来越便捷，但我们同时发现时下的年轻人似乎更适应网上交流，大量的"宅男""宅女""御宅族"现象已衍生出很多社会问题。大家是否发现了这样一个社会现象——现在放学后玩耍的孩子越来越少了？因此近年来又多了一个热词："宅孩"。

2016年中国青年报社会调查中心联合问卷网对2002人进行的一项调查显示，55.7%受访者发现身边小学生放学后越来越"宅"，66.8%的受访者认为这是年级升高、课业繁重导致的。69.0%的受访者担心，因缺少同龄间的沟通，孩子会越来越自我。

有专家指出：小学生越来越"宅"是一种"时代病"。首先，网络游戏发展起来以后，很多小学生受网络游戏的吸引，完成作业后（有的甚至顾不上做作业）就打游戏。特别近年来，随着智能手机的普及，网瘾少年越来越多。其次，社会压力传递到了小学生身上。一些家长为了让孩子赢在起跑线上，一是想办法"择校"，二是鼓励甚至强迫孩子报特长班、补习班。孩子的课余时间不是在上特长班，就是在上特长班的路上。

综观中小学生的生活现状，他们的时间被规划了，他们的人际圈被圈定了，更需引起关注的是，在这种被规划、被圈定的人际圈里，他们与周边人的交流话题和时间也基本被圈定了。"如同人的生存与发展离不开实践一样，人也需要建立'关系'。……关系本身的建立、形成、发展、变化，也就意味着时间本身的变化与发展。"（李家成：《班级日常生活重建中的学生发展》）在这被圈定的时间和圈定的人群之间的"貌似"接触，算不上真正意义上的交往！

除了家庭之外，学校是学生每天生活时间最长的场所，这里存在着多种人际交往的可能和契机。学校同时又是连接家庭和社会的一个中枢，如果学校（班主任）有意识地在学生的校内外生活中，关注并推进学生各种关系的建立，引导学生学会交往，这对发展他们的人际交往能力大有裨益。如何发挥学校的优势，扭转当前社会存在的"宅孩"现象，是摆在每个教育者面前的重要课题。

带班困惑

孩子们的心思，你可懂？

云云老师是毕业班的班主任，她陪伴了孩子们六年，想让孩子们告别童年时留下一些美好的回忆，在毕业纪念册制作和毕业晚会策划上都非常用心。

在商议毕业纪念册的制作时，家长们都希望这个纪念册能见证孩子六年的成长，因此需要每个孩子挑选出1—6年级每一年的个人代表性照片各一张，同时挑选出至少三张（低、中、高三个阶段）与家长的合影。结果孩子们提交的与家长的合影大多集中在四年级以前，五六年级的合影普遍偏少，家长在群里也相互"哀叹"：现在孩子越来越不愿意照相，尤其不愿意和家长合影了。话匣子一打开，家长们互倒"苦水"：现在孩子更早进入青春期，和家长说话越来越没耐心，尤其不喜欢和家长照相或者参加家长的亲友聚会。

云云老师看着家长们的相互"吐槽"，回想起六年来孩子们的变化：一二年级时叽叽喳喳，芝麻绿豆大的小事都要找老师说，而现在，你分明看着几个同学正围在一起热烈讨论或者争得面红耳赤，而当你走近追问时，他们马上成为一派，"没事儿，没事儿"，把老师支走。同学之间的交往也呈现出不一样的状态：小时候打打闹闹，随着年级的升高，孩子们逐渐有了自己的小伙伴群体，班级各种活动，孩子们似乎只爱与平常关系亲密的同学共同参与，有了自己的"小圈子"。

面对此情此景，我们一方面欣喜于孩子们长大了，有了自己的择友观和独立处理问题的能力，另一方面我们也要提防过早的"圈子化"导致孩子交际能力的弱化。

如何通过活动，通过班主任的推动，促进学生学会与同学、老师、家长及社区人群等多元群体的多维交往，促进他们发展起新的关系，提升他们的人际交往能力？笔者认为，搭建多种活动平台，促进多元交往，是发展学生人际交往能力的关键。

创意策略

多元伙伴团

"同伴群体对学生的影响主要是通过同伴群体文化实现的。实际上，每一个同伴群体都是围绕特定的兴趣、爱好、价值观、审美趣味等文化生活建立起来的。"（檀传宝等：《走向德育专业化》）实际生活中，我们会发现学生在不同年龄阶段的同伴交往呈现出不同的方式：低年段，同伴之间以一起玩闹为基本外显方式，要么好朋友手牵手，要么成为"互不相让"的"小对头"；中高年级，则主要基于兴趣、爱好、价值观和审美趣味等自发形成一些非正式群体，同伴的影响力愈加明显。

班主任要善于通过校内外活动促进学生多元人际关系的形成，促进多元合作，推动由不同成员参加的、由不同内容构成的、不同时间内的合作关系：

因班级事务形成的行政事务组，如学习小组、值日小组、板报小组、图书角管理小组等日常较为固定的协作关系组；

因某项特定的活动临时组成的协作组，如六一汇演策划小组、运动会后勤服务组、辩论赛正反两方辩论小组等；

因兴趣和特长、爱好组成的常态自组织，如校内外运动小社团、手工社团、户外观察探究小社团等；

……

这样以活动为纽带，创造各种人际交往的点，学生之间随时都有可能组成一个协作"面"，种种不同的协作关系促成了班级各成员之间的网状复合性联系。在这种复杂性组织结构中，他们有时是策划牵头者，有时又是参与协作者，在一起完成共同的事务过程中，了解得以加深，感情得以融洽，彼此取长补短，有利于在交往中学会交往。

如何引导学生从多元人际关系中发展出积极、和谐的同伴关系，引导学生学会正确认识他人和自己，从而彼此产生积极、正向的同伴影响力？笔者认为，除却在本书第二章论述的小组共同体建设以外，还要重视并推动班级同学之间非正式群体之间的交往与合作。

一、通过"小组承包制"任务分工，培育学生的协同合作精神

除了班级行政小组之外，教师在班级生活和学科教学中，通过"问题或任务打包"的方式，给学生创造更多的交往与合作的机会，以二人配合、三人（多人）小组合作等多种方式，让学生在共同完成任务或设计、参与游戏活动中，学会合作。除了对活动本身进行评价之外，教师要有意对学生合作行为给予直接评价、指导，强化学生的合作情感体验，深化其协调合作品质。

二、正向引导非正式群体的交往互动

班主任只要留心，就会发现学生非正式群体形成的基本规律：低年级因座位近和居住近，学生易于形成同伴团；中高年级则更多的是基于兴趣或家境等自由组合。如果不有意引导学生融入更多同学群体之中，慢慢地，这些固定的同伴群体就形成一个"固定的人际孤岛"，永远只有他们几个人在交往，他们的世界开始变得狭小，不利于发展其群性交往能力。

班主任要尤为重视学生间非正式群体交往的模式及旨趣所在。对于比较消极的群体给予积极疏导，做群体中核心成员的思想工作，利用其威信

带动其他成员，发挥该群体的特长，开展有意义的活动，变消极为积极；对于积极群体，要热情支持，为他们的活动提供展示机会，同时鼓励他们成为动力源，带动更多同学或群体投入正向活动之中，发挥其正向积极影响力。

班主任也要对班级中那些不善于交往的同学给予及时帮助。比如，通过鼓励性格热情的同学主动邀约，带动他们；通过活动编组，促进他们融入；通过发掘他们的性格优势，逐渐让他们成为某一活动的主体，点燃其自信；等等。总之，要创造机会，让这类慢热型的孩子感受到群体互动的美好。

班主任还要关注异性同学之间的交往与友谊，通过活动推动男女同学交往的常态化，中高年级以性别教育为主，引导男女生在交往过程中明确自我身份及尺度。

当班主任有意识地在工作中关注到不同群体的不同交往方式，并给予积极引导之后，积极、和谐的同伴关系就会在自发自为的交往中日臻完善。

亲子、社区"俱乐部"

"学生的班级日常生活综合整体构成，学生带着全部的关系世界进入其中，也与外部世界保持着密切的交往。相关关系的建立，……为学生打开一扇扇发展之门；对关系的不断拥有、经营和完善，昭示着学生的发展状态。"（李家成：《班级日常生活重建中的学生发展》）

除了学校，家庭和社区是学生成长过程中的重要生活场所，家庭里的亲子交流和社区里日常生活中的互动，都是孩子学会与他人交往的天然学习场所。然而，我们也不得不承认，当前在亲子交流和家庭活动方面，因为家长工作忙碌、陪伴孩子时间少和精力有限等而变得薄弱。对于如何促进亲子之间更好地交往互动，促进学生在社区活动中学会与新的成人群体交往，需要班主任下些功夫，有意识地给予引导。

一、亲子作业、家庭日活动，提升亲子交往的质量

孩子上学了，孩子和家长之间交谈最多的话题就是学习（作业）了。而这不是一个很轻松愉快的话题。网上有戏言："课外辅导班是改善亲子关系的最好调节剂。"戏言有真义，对于孩子的学习，家长比较关注的就是分数和书面作业。小学阶段学生回家完成各种家庭作业的过程，能反映学生的学习态度、习惯和能力，所以家长会直接从表现上断定学生努力程度等，势必会影响亲子交流。

如何不让基本家庭作业成为亲子关系的"杀手"？我们采用"替代法"，通过"另类亲子作业"促进新的亲子关系的建立。比如我们的亲子阅读，除了让家长给孩子讲故事、读故事外，还引导孩子和家长设置特殊的阅读情境进行阅读，比如有的孩子"关上电灯，藏在被窝里打着手电筒和父母一起阅读"，再如在阳台上点着蜡烛和家长一起讲故事，还有搭个小帐篷，家长、孩子一起阅读……如此种种，趣味情境的引入，让阅读变得有趣，也让亲子关系在轻松的环境中变得更加亲密。

再如家庭日活动，一周某个时间段，安排家人一起运动、一起做家务，或者一起短途旅行，大人放下手机和俗务，用心与家人相处，孩子在这期间承担一定的家庭责任。家人之间的亲密相处，是亲子关系的润滑剂。

二、以家庭为圆心所延展的社会交往活动

任何一个家庭都包含着独特的丰富的社会交往活动，比如亲友之间、邻里同事之间的交往活动，家长要有意识带着孩子积极参与到各种有着血脉亲情和温暖友情的各种关系网之中。比如，客人到来时，要培养孩子的小主人意识，教孩子如何学会接人待物；到他人家做客，教孩子如何与主人打招呼，怎么得体地交流和融入活动。这些都是每次聚会家长所要考虑的因素，要让孩子承担起小主人的角色，主动参与到家庭社交生活之中，在主动招待客人的过程中，习得交往礼仪，增强交往能力。

此外，班主任还可以根据班本课程或特色活动，有意推动班级家长群体之间以家庭为主体的多元交往，组织各类专题性亲子俱乐部联谊活动。

比如寒暑假期间，几个家长（学生）发起亲子读书会、小区联欢会、亲子美食汇等"实践性亲子联谊活动"，让孩子与家长之间，孩子与孩子之间，孩子与其他同学家长之间，产生多种交往机会，这对孩子和家长而言，何尝不是共同学习交往的机会？

三、友好热情地与邻里相处，积极参与社区活动

生活在城市里的人们邻里关系陌生是常态，对于如何在人际必要的界限范围之内做到友好相处，则需要成人逐步传授给孩子们交往常识。学校（班级）可以通过特殊时间，促进孩子主动与邻里交往，比如春节时拜年及送福字，万圣节得体地走门串户讨糖，好东西与邻里分享，重阳节时对周围老人表达祝福，电梯里主动与邻居友好打招呼等等生活细节，无不传递着现代公民的交往礼仪和修养。

与此同时，班主任再通过号召学生参与某些社区访问等活动，让学生有机会接触身边各种不同工作岗位上的人们，比如"慰问环保工人"、春节期间给"值班的保安叔叔送温暖"，再如围绕某个研究性学习项目，友好采访社区人士。笔者所带班级在2017年暑假期间，由家长作为校外辅导员，带领着孩子们进行"小区宠物与居民生活"的研究性学习项目研究，孩子们在主动采访中不仅完成了研究性学习作业，还学会了如何与陌生人打招呼和请教等。

当前随着家长社群的发展，孩子除了与自己的家长和身边的社区群体打交道以外，在班级生活上还有很多与同学家长接触的机会，班主任只要有心，总能发现各种人际交往资源，促进学生更多交往关系的形成。

跨年级、跨地域结对

早在20世纪七八十年代，社会上曾经盛行交笔友。因为共同的写作爱好，天南地北，以文会友，相信已成为那个时代两代人心底温暖的记忆。随着网络信息技术的发展，书信已经越来越淡出人们的视野，电子贺卡、邮件、微信……让人与人之间的交流实现无缝化。然而，各种群发、转发

的图片和问候语也显出随意和轻率。

大家设想一下，在今天，如果你收到一封手写的信笺，你会是什么感觉？相信大家一定会有更多的欣喜而倍加珍惜。如果学生在今天还能拥有一个以书信交流的笔友，会不会也让他们的生活多了些色彩呢？根据笔者四届学生交笔友的经历，我可以十分肯定地说答案：会的。

笔者在深圳所带的四届学生，每一届都在边远地区拥有一个结对子班级。我们结对的目的更多的是增进两地孩子之间平等、友好的交流互动，让两地孩子了解在世界的另外一个角落，还有和我们生活环境和想法等不同的同龄人存在着，我们可以通过个人努力与不同角落的人建立情感上的连接，甚至可以收获友谊。以发展友谊、促进与不同环境的人交往能力的提高为重点的结对，注定与常态的帮扶结对有一些本质差异。

时机与对象是否合适，是结对交往能否长久之关键。创造什么机缘，让两地孩子产生交流愿望和热情，是班主任必须首先考虑清楚的问题。

第一，要等两地孩子具备基本的交流能力，比如可以独立写书信，能够比较熟练地进行书面表达时考虑结对，是相对好的时机选择。

第二，最好有天然的结对时机。小学五年级语文教材一个单元中的作文要求给远方的朋友写信，相互交流。我基本都是在五年级借用教材上的这个要求才搭建起异地交流结对的。结对活动顺应教学要求，于学生于家长而言，从心理上接纳度更高。而且这种把教材上的要求"真做起来"对孩子而言，更是一种价值观的传递。

第三，选准结对班级很重要。班级结对，实际上蕴含着班级学生与学生、教师与教师的结对。只有价值追求相一致的人结对，才有更长久的交流。因此，在推动学生结对前，我会慎重考察结对班级，寻找对的人，一起推动对的事情。

在上述工作做到位后，班主任重在发掘两地学生交流中的积极因素，促进结对交流的可持续发展。

事实证明，这种做法对两地的孩子都是一种特殊的人生经历。记得2008年孩子们第一次把信寄给湖北神农架某结对班以后，天天盼着回信的到来，有的同学在日记中写道："天天想象着收到自己信的那个伙伴是什么模样，他们那里的条件怎么样，信上会写些什么……"

我一直还记得第一次收到笔友信件的那个早上，孩子们紧张极了，用小手托着小脸屏住呼吸，当听到自己的名字时闪电般冲上讲台，还有的孩子描述自己拿到信时既想及时打开，又不忍心打开的复杂心情，这些很宝贵的体验对孩子们来说真是一笔宝贵的财富。

后来在同学们的要求和班干部的组织下，我和同学们为神农架的同学赠送图书。同学们都很积极，把自己的好书拿出来（有的孩子用零花钱又买了新书），细心的女孩还专门用彩纸包装起来。不少同学在书的扉页上写上了自己的话，有的是读书格言，有的是祝愿，很多同学写到要对方爱惜书。得知我们邮寄的书籍激发了手拉手班级孩子的读书热情，我又设法筹集新的书籍给他们邮寄了几次，还给他们写过一封关于阅读的建议信（参见 http://blog.sina.com.cn/s/blog_51f4fd550100hq56.html ）。

我们班学生在与远方朋友的交流过程中，不仅多了一个朋友，还对友谊多了一份认识。他们对朋友信件的期待以及自己回信时的认真，对于在深圳这个快节奏的城市中成长的孩子而言，将是一笔宝贵的财富。

这个过程，让参与期间的老师也多了交往带来的幸福感和对教育的新的认识。

2010年五一期间，我借回家探亲的机会再次去了他们学校，看望了这个班的孩子，了解到这个班有一半以上的孩子是留守儿童，就特意给他们讲了《我的爸爸是焦尼》，没想到这个故事，带给孩子们很多触动。特别值得一提的是：班里有个姓刘的同学，因为家境特殊寄住在姨妈家，平常作文很难写几行的，竟然给我寄来了一封信和一张自制的贺卡。信的内容虽然也不长，但很真诚，字迹很工整。之所以我会深深地记住这个孩子，是因为我给他们讲《我的爸爸是焦尼》的故事时，他是第一个忍不住大声哭出来的孩子。下课了，我与他们合影之后准备离开时，他红着眼睛站在不远处静静地看着我，他们的班主任告诉了我他的境况之后，我赶紧走过去安慰并鼓励了他几句。后来单独给他寄过一封手写信，还邮寄了几本书。听他们老师说，我的信他认不全，是老师读给他听的，他听得很认真……自此，他虽然还是常常不能交作业，但似乎阳光了一些，尤其是不像过去那样怨恨他的父母了，并且偶尔可以给我回信了，虽然只是几句话或一张卡片。

　　回忆这段特殊的交往经历，带给我的是无尽的感动。每个人生活在这个世界上都不是独立的个体，"人"字的写法是相互支撑，每个人都需要在交往中彼此温暖。细细回味，我从学生身上也学到许多东西。孩子们的信件中，除了对我身体的关切（当时刚做过手术），还有对于在与我班同学的书信交流中他们发现的问题的提醒，比如一名同学告诉我，我班有一个孩子是个网迷，喜欢在 QQ 上乱发信息，这善意的直接的提醒是何等宝贵。一个小小的承诺，一点小小的付出，我竟然收获了几十名孩子的友谊，这是何其有幸呀。

　　这样的书信交流，不只是发生在学生与学生之间，也发生在学生与老师之间，老师与老师之间，随着时间的推移，交往方式的改变，我们彼此之间成了生活中的朋友，这样的交往经历对每个人而言，都是难得的人生际遇。记得那段日子，书信都是由学生代表集体打包邮寄的，我从来不干涉孩子们写了什么，但会一起讨论写信的基本原则和要注意的基本问题。我也从来不追问对方写了什么，但是孩子们总会主动找我分享他们远方朋友的书信内容。后来，由于他们的礼物呈泛滥趋势，对礼物产生了不一样的看法，我们一起商议如何对待友谊，用什么表达自己的真诚和回应别人的真情。

　　人际交往底线与原则，没有去刻意渗透，都是在交往的具体生活情境之下，我们一同去面对、一同去寻找更好的交往方式。

　　手拉手结对活动只是跨班交往方式之一。我们还可以在本校、本年级、平行班之间进行联谊，比如平行班之间组织读书会、体育项目联谊赛，高年级学生可以为低年级学生讲故事或共同参与户外活动等，促进学生跨班、跨年级交往，让学生走出班级小圈子，多与身边的同龄人交往和相处，让他们在一个个真实的生活情境中发展关系，提高人际交往能力。

> 典型案例

"几十年后还记得"

"几十年后还记得",这话来自 2010 年我所带的六(3)班在圣诞节派对上一个小组的演讲题目。记得在圣诞节之前的某一天,小组长月月悄悄告诉我:"我们组要用最朴素的朗诵方式,朗诵我们自己写的稿子。因为这是我们小学阶段最后一次圣诞派对,我们想自己写演讲稿,写出对小组、对这个班级的留恋,题目叫'几十年后还记得'。"我很感动,当即就说:"真好!我们这次圣诞派对的主题就叫'几十年后还记得'吧。"

可是,那是一个怎样的圣诞节啊。就在派对即将拉开序幕之际,在装扮教室时我不慎从课桌上摔倒,导致脊柱受伤,让我远离了教室,远离了活动,被送往医院……没有看到孩子们的表演,也没听到孩子们的朗诵。感谢有心的同事用镜头记录下了这次特殊的派对,把孩子们的演讲稿和节目单以及学生自己撰写的主持词一一收齐,连同同学们给我的信件和卡片作为新年礼物专程送给我。

其实,我们的派对不仅仅为过圣诞。每个月有一个个人(小组)才艺展示已是我们六(3)班的常规,每次活动之后我们会讨论下一次的展示主题和活动形式。记得在 10 月的才艺展示之后,我们商议:因 11 月学校有两场运动会,我们把 11 月和 12 月的才艺展示集中到一起,在圣诞派对上集中展示,这样大家有充分的时间准备,又让圣诞派对多了一层特殊的含义,孩子们都满心期待着。

那段日子我和孩子们忙碌而充实。两周内先后上了两节语文公开课:

圣诞节前一周,我们班上了学校民俗文化节主题大单元研究课"走进汉族史诗——《黑暗传》",素材取自对子班的家乡神农架,准备过程中我们得到了对子班师生的大力帮助。由于这节课涉猎的历史典故多,需要大量的背景知识作支撑,因此自 10 月开始,我们就进入了中外民间故事、神话传说的大量阅读。每个小组平均发了八本相关课外书(人均两本),包括《圣经故事》《人类的故事》等比较艰深的作品,孩子们读得津津有味。我还会阶段性地发一些主题打印资料，如为了让他们感知史诗、了解古歌文体，还给了他们《荷马史诗》、中国三大英雄史诗材料以及《苗族古歌》选段，组织阅读交流……

圣诞前两天，我们还上了一节"作家见面读书会——共读《学校旁边一条河》"，这是一本15万字的散文集，每篇之间没有必然联系，我们用一周的课余时间阅读完了这本书，我在和学生不断的交流中找到了读书会课程的设计灵感……

由于孩子们和我一样都倾心投入，两节课都上得很成功，同学们的表现尤为出色，我特别开心。在圣诞节前一天，我批改他们的循环日记，又收获了意外惊喜。虽然那段时间我们除了完成常规课本的学习，还阅读了那么多课外作品，以两节公开课为契机扩大了阅读视野，但是孩子们每人每周一篇的循环故事从来没有间断，有几名孩子还在进行着长篇创作。我特别感动，告诉孩子们，圣诞派对上，不仅要给优胜小组颁发奖品，还要设置更多奖项，每个人至少都有一份礼物……孩子们个个心花怒放，有的孩子又临时编排了节目，直到表演那天下午，还有节目添加进来，以至于宣传委员和主持人不断修改主持词。

我时时被孩子们深深感动着，也积极参与到活动筹备之中，亲自和班委一起去为孩子们准备圣诞礼物，为每个孩子写祝福卡片，活动当天利用课间和孩子们一起装扮教室。看着孩子们兴奋的模样，我没忘记随时给他们抢拍一些照片。眼看一切都准备好了，只剩下一串气球没有挂，我就一把拽过桌子，在孩子们的簇拥下站了上去，开始挂气球。不料，不幸就在这时降临了——我不慎从课桌上摔了下来……随后被迅速送往医院。

感谢我的同事，当即去稳定了孩子的情绪，让活动继续进行，并且告诉他们要继续表演，拍些照片带给我。

一场意外，打乱了我们所有的计划，让这些孩子们和我一起经历了意外劫难带来的心灵震动。首先是我自己，腰椎爆裂性骨折，必须手术，手术前对手术风险的畏惧，术后生理上的不适，让我无法平静却又必须平静。可是一个人从健康的峰巅一下子跌入谷底时的无助与无望，会时时吞噬着你努力争得的片刻宁静。感谢这些孩子们，感谢我亲爱的同事、家长朋友，他们支撑着我度过了那段最难熬的日子。读着同学们的循环故事、卡片、书信，享受着他们的关切，我深深体会到了做一名教师最大的幸福！

  和这个班的学生相处也不过一年半的时间，前半年我们互相了解、彼此适应，接下来我们寻找到了班级共同目标，一起活泼泼地走过每一天，我们享受着一起共处的快乐。而我的突然离开，让孩子们对生命、对人与人之间的相处似乎多了一层思考。他们用特殊的方式让我感受到了他们对我的牵挂与祝福。同学们把那次圣诞节叫作"黑色的圣诞节"。我摔伤后，他们把那一串气球小心翼翼地取下，放在教室后面的书柜里，连最调皮的孩子也不去碰。为了不影响我休息，又为了让我少一点孤单，全班同学商议轮流来看我，给我讲故事、说笑话，有一个小组还把那次圣诞节的意外编成了一个故事，我是他们故事的主角……

  其中一个孩子为我买了一只仓鼠（因为他喜欢小动物，他认为动物可以给我做伴），不料却遭到父母的批评（说不考虑我根本不方便活动，送仓鼠就是添乱），他心里很矛盾，当晚给我写了四页书信，说出了他的所思所惑以及对我的牵挂。后来他妈妈告诉我："儿子写着写着眼泪就要掉下来，没办法，他不得不把头仰着看一会儿天花板，再继续，他不想让我看到他的眼泪……"品味着这些信件及信件背后的故事，我整个人被幸福紧紧包裹着。

  43封信，43颗心，43种风格。有的表达他们的自责，认为是自己没有保护好老师；有的幽默风趣，逗我开心；有的汇报近期班级发生的事情，让我放心……是这一封封信让我度过了一个又一个白天与黑夜，我反复读着孩子书写的信件和班级循环故事（当时有三个组都在写班级故事，分别是《三班演义》《三班志》《三班野史》）。他们想在毕业之前把班级里发生的故事写出来，作为一份特殊的礼物送给我……

  这届学生现在已经读大二了。他们高考后返校看望我时，谨慎地询问我的身体状况，得知那次意外并没有留下太多后遗症后，他们才轻舒一口气，又不约而同地回忆起那个特别的圣诞节。"几十年后还记得"已经深植于我们六（3）班所有人的心中，这个特殊事件原本是不愿意再去回味的噩梦，却因为有孩子们给予我的温暖回忆，而成为心底永远无法忘记的美好了。

我深深感谢这个班的孩子。他们曾经的好动甚至好斗、思维活跃而自律意识相对较差、有个性但是缺少协作精神等，促使我在走进这个班级的时候，用新的标准迎接这场新的挑战——突破常规方式，找到适合这个班级学生发展的班级管理模式。为此，有了小组合作模式的诞生，有了基于对子组的评价新体系的建立，有了小组循环故事的创作，有了个人才艺展示、班级擂台赛、辩论赛等等活动的开展……在和这个班学生走过的一年半的时间里，我不断改进、更新自己的教学方法和教育方式，不断修正自己的言行，积极参与并支持班级学生组织的各项活动，向他们展示一个幽默、热情、乐观、自信而谦虚的自己。一年半的交往中，我们由陌生到亲密，班级由两极分化的涣散状态转变为和谐的精神共同体，在各种交往中发展出和谐的班级人际关系，也让我更加深刻地体味到现代新型师生关系中彼此滋养的真义。

> 温馨贴士

班主任要注意学生人际关系的协调

如果每个人都不善于用自己的智慧与心灵在人海中辨明方向，那就不可能有集体，不可能有对集体中每个成员的尊重，也不可能有自我尊重。

班主任面对的是一个班集体，只要有人存在的地方就存在着人际关系的协调，处理不好就会导致各种矛盾，何况是一群成长中的孩子。成长中的他们除了自身难以言明的各种成长困惑带来的不适感之外，还要与一个个成长中的同龄人相处，与不同性格特点的教师（成人）相处，必然有很多人际交往障碍，需要我们去疏导和协调。

一、帮助学生克服人际关系的心理障碍

班级人际关系主要是一种心理关系，包含认知、情感、态度三种相互联系的成分，其中夹杂的心理障碍会直接或间接地妨碍良好人际关系的建立。在认知方面，有些学生的是非观念，对人的品质、行为和事物性质的评价，与其他同学存在差距，会有"他不肯给我抄作业，是不友好的表现"这样的错误观念；在情感方面，有些学生心胸狭窄，嫉妒他人，缺乏互相协作、共同进步的精神；在态度方面，有些学生受心境效应（自己心境不好却认为他人对自己不友好）、晕轮效应（对他人抱有成见，以偏概全）、从众效应（缺乏主见，跟从他人，迁就、附和错误意见）等影响，人际关系不稳定或对他人持不友好态度。另外，每个班级都会有一些默默无闻的学生，他们性格内向、胆小、谨慎、敏感，或是过分自卑，与同学交往偏少，易被他人冷落忽视，因而在人际关系中产生"定位"困难或错误，处于孤立状态。

上述种种心理障碍需要班主任通过个别疏导、集体交流、创造情境等措施，帮助学生克服。

二、引导学生处理好多元化人际关系中的个人定位

多元化人际关系结构的点代表着每个成员在班级内所处的位置。学习、纪律、卫生等各方面的宏观管理人员，仪表监督、班费收支管理、讲桌清理、教室物品摆放、公物维修等具体事务的分担，让每个孩子拥有了一个特殊的"点"。这些位置没有职务大小之分，只有分工的不同，人人都有机会去尝试不同的岗位，人人都可以通过公平竞选的方式去争取不同的位置，承担每个"位置点"上的责任。

班主任在多元化结构中也只是其中的一个点，只不过他不像在纵向结构中那样处在金字塔的顶端，也不像在横向结构中那样仅仅与学生处在同一水平面上，而是位于这个立体结构中心的一点，以便于联系到所有的点，形成亲密的师生关系。而且我们可以看到，有时候不少学生的位置已经超越了老师，这更是代表着一种新型的师生关系：自觉地向学生学习，给学生以自由发展的空间，帮助每一位学生去完善自我。由此可见，多元化人际关系结构中的点结构，真正体现出了师生之间与生生之间的民主平等。

三、帮助班干部正确处理人际关系

班干部角色的特殊性,使得班干部之间和班干部与普通学生之间容易产生冲突。班干部之间的冲突主要有:(1)任务结构冲突。因职责不清、分工不明,或片面强调职责、分工而忽视合作而引起冲突。(2)角色地位冲突。个别班干部因职务轻重、能力强弱的差别,对其他班干部产生不满或嫉妒而引起冲突。(3)荣誉分配冲突。在评价成绩和评比先进中,或因评价、评比不公正,或因个别班干部心胸狭窄、太计较个人得失而引起冲突。

班干部和普通学生之间的冲突主要有:(1)角色期待冲突。班干部对行使权力和履行义务的认识、行为,跟同学的期待差距较大,从而产生冲突。如有的班干部骄傲自满,不以身作则,引起同学的反感,受到责难。(2)信息障碍冲突。因谣传或偏见、成见,班干部和同学在获取对方信息时信息失真,评价偏颇,引起冲突。(3)管理压力冲突。班干部在行使职权时盲目模仿班主任或其他教师,以"权威"身份对同学施加压力,同学不买账,引起对立情绪,从而产生冲突。

班干部的人际关系状况,直接影响着班委会职能的正常发挥和整个班级的人际关系。上述情况,班主任首先要教育班干部把"干部"和"同学"两种角色结合起来,既能坚持原则、为集体服务,又能以身作则,做一名好学生、做同学的知心朋友;引导班干部互相尊重支持,并虚心听取同学的意见,主动关心同学。其次,要教育全班学生尊重、服从、帮助班干部,以集体利益为重,不计较个人恩怨得失。

四、引导学生处理好与科任老师之间的人际关系

学生对不同学科的老师的接纳度直接影响着他们的学业,同时也间接影响着他们如何与成人交往。班主任要善于从自身出发,承担起多重角色使命:一方面是教育者、班级的组织者和管理者、班级人际关系的协调者,另一方面又要以平等的态度做学生的知心朋友。

有了这样的心理基础,在谈到与学科教师的相处问题时,学生会坦诚相见。聆听他们的真实心声,把他们的心声智慧地传递给同事的同时,也

要引导学生理解和学习如何与不同老师（成年人）相处。尤其是当学生与科任老师发生冲突时，班主任要智慧、合理地介入，引导学生积极化解师生人际矛盾，寻找积极性因素，促成彼此接纳。

我们要明白：每个学生都希望教师能跟他们建立起一种民主、平等、友爱的关系。即使是后进生也希望教师能全面、客观地看待他们，在人格上尊重他们。师生关系不和谐，学生的"向师性"会受到损害，教育效果会大大降低。班主任如何处理师生关系，对班干部之间的关系、班干部和同学之间的关系、同学之间的关系都起着示范作用。

第八章
班级活动：
从活动本位走向学生发展本位

CHAPTER 8
从班级到成长共同体

第九章
学生发展性评价：
从量化定性到多元激励

班级活动，顾名思义，是在班级内有组织地开展的各类活动。班级活动是班级生活的重要组成部分，日常生活中的班级活动有顺应学校（上级层面）的常态活动，也有班级内部自行组织的各种类型的特色活动。如果班主任能将学校层面的常态活动与班级内部的特色活动有机融合起来，结合班级目标的设定、学生实际发展需要，充分发挥学生的主动性，以促成学生最大化参与与发展为目的，实现学科融通、校内外融合，那么班级活动就成了促进班级文化建设的重要载体。

这需要班主任对班级活动有较深入的理性认识，把握活动设计的基本原则和方法，对班级活动设计与实施既有顶层设计又有具体推进策略：通过搭建班级活动平台，调动全体学生的参与热情，使他们在活动中认识自己，认识他人，学习如何面对真实的自己，学习如何与他人、与社会、与环境和谐共存；通过特色班级活动，构建班级特色精神共同体，让生活在其中的每一个人，不仅能够获得对班级共同体的认同感和归属感，还能感觉到人与人之间的关联感。这样的班级特色活动才有鲜活的生命力，这样的班级生活才能更好地促进学生的社会化角色发展。

带班困惑

缤纷活动迷人眼，跟 VS 不跟

提及班级特色活动，部分班主任会不由得叹息，认为日常工作已经琐细繁杂，加之来自上级各级行政部门的应景性活动已经难以招架，实在没有精力和时间开展班级特色活动。初中或高中班主任更感无奈：小学阶段学生学业轻松，可以开展活动，而学生一旦上了初中、高中，学业负担繁重,不仅学生没有时间参与更多班级活动,教师的思考重心也只能放在如何提高教学成绩上。

这都是现实问题,但是仔细分析,这些话里面似乎包含着"班级活动与教学成绩是一组矛盾"的潜台词,似乎组织活动会影响班级教学成绩的提高。为什么会有这样的担忧呢?这与我们对班级活动的内涵把握及实施目标定位不同有关。其实在我们身边,也总有一批智慧型班主任在创造性地完成学校常规性活动任务的同时,还能结合班级实际开展各具特色的班级活动,让班级生活更有生机。看着身边同事的班级生活如此丰富多彩、班级活动开展得如火如荼,不少班主任感受到无形的压力或胁迫感,有时会认为是因为自己班级学生的能力不够或家长支持力度不够等客观原因造成的。

这两类班主任对班级活动不同的看法和做法,折射出两种不同的思维方式:一是把班级特色活动与学校常规活动对立起来了,这是常态的单一性思维,工作状态是被动地完成上级安排的各类活动;二是主动开放性思维,面对常态工作善于推陈出新,深入挖掘常规活动的内隐性价值,与班级实际需要巧妙结合与转化,凸显班级特色。

诚然,班级是学校的基本组织单位,班主任是学校各项常规(特色)活动的直接推动者,校级常规活动自然是班级活动的重要组成部分。如果把班级特色活动看成是与常规活动不相干的另外的附加性活动,势必会增加工作负担。这里,我们需要进一步梳理班级系列活动的显性价值和隐性价值对学生成长的作用。例如,有老师在班内每月开展学生才艺展示活动,表面上看,这与学科学习没有直接关联,但是因为给学生搭建了个性展示平台,学生的个性特长在这里得到展示,得到了同学和老师的认可,因此会增强他们的自信、班级认同感等,教师如果能够善加引导和发扬这些积极的心理因素,会大大促进学生在其他方面的自我努力,包括学科学习。

我们也需要对班级活动内容进行重新界定。事实上,班级活动不仅包括根据班级发展开展的各种特色性文体活动,更包括与各科教学相关的学科活动。我们组织班级活动,是为了培养学生的综合能力,比如与人相处的能力,对活动的策划、组织和反思能力,综合知识应用能力……工作中,如何根据学校和本班实际需要，把学校常规活动、阶段性学科学习与班级特色活动融合起来，形成自己班级活动特色序列？不妨从以下几个方面进行改进。

> **创意策略**

常规活动追求融通性和微创新

我认为班主任的主动开放性思维是班级活动创新的原动力。华东师范大学李家成教授认为：班级活动创新的基点之一在于发掘活动的持续性价值更新。此观点为"班级活动创新"指明了方向，即在工作中我们可以通过挖掘学校常规活动与班级特色活动之间的价值关联，在活动组织形式上实现微创新，以此推动常规活动的持续性价值更新。

一、常规活动与班级特色活动相融合

以运动会为例。运动会是任何一所学校都会举行的一年一度的常规活动。运动会一般分为开幕式上班级风采展示和各类田径项目比赛。同一班级在不同年段如何展示班级风采的独特性？每年的运动员如何选举？宣传、后勤、啦啦队等保障组织如何组建并运作？其实，这里面潜藏着促进学生发展和心灵内省的多种契机，班主任只要善加利用，就可以把学校常规的校级运动会变成班级学生发展的节点性特色活动。

笔者曾经把学校运动会开幕式与班级体育社团活动展示有机结合起来，每年的运动会开幕式都是当年我班体育社团一项集体项目的展示：三年级，我班在运动会开幕式上展示的是"玩转呼啦圈"，四年级展示的是篮球社团设计的"街头篮球"，五年级展示的是"拉丁舞"（促进青春期男女生之间大方交往），六年级展示的是学生自编自导的"街舞"。

这样我就把学校常规活动与班级特色活动较好地结合起来了，也契合了当时班级需加大体育项目推动的实际需要。相信运动会在任何一所学校都属于一个传统项目，其他传统活动项目有元旦（或新年）晚会、六一儿

童节（或五四青年节）、教师节等，这些特定时间节点的固定活动，应该都是每所学校的传统项节目。这类活动年年组织，学校也自然会在历年的运动会或各类文艺汇演活动中对活动主题和节目形式进行推陈出新，但两个根本点一定不会变：运动会中的体育精神体现，文艺汇演中的学生才艺展示。因此，班主任可以树立起"长程序列眼光"，在年年都必须参加的校级同类型活动中，进行价值持续性更新和活动方式的微创新，会收到意想不到的效果。

二、常规活动的延伸性价值开发

无论是校级常规活动还是班级特色活动，要想持续发展，自然离不开延伸性价值开发。仍以运动会为例：每年运动会结束后，我都会组织学生针对各自在运动会上所承担角色的不同表现等进行全面总结，思考在接下来的班级常规工作中可以设计哪些跟进性的对应活动，并在实施过程中不断发现、创新活动的价值。

比如在一次运动会的总结会上，很多同学提出了因为比赛项目少而无缘参赛的遗憾，我们由此讨论出每学期组织一次班级运动会的活动规划来。根据学生的不同年段，我们先后组织了亲子运动会、趣味运动会、模拟校运动会、邻班联谊运动会等多种形式的班级体育竞赛活动，极大增强了班级学生的运动热情。

运动会上除运动员之外的各类服务岗位的设置，作为班主任的我总是着力考虑如何通过增加运动会的复合参与功能，让全体同学在运动会上得到不同程度的参与。与学生讨论后，他们发明的岗位让人欣喜：除了常规的后勤服务组、宣传报道组和卫生执勤小组之外，他们还发明了一个小小教练（陪练）组，即部分不能参加比赛的同学，可以自报项目，成为某个比赛项目的教练或陪练，在赛前组织对应项目的运动员加强训练。这些教练和陪练员通过查找资料或采访，把关单项赛事的专业技术训练标准，比赛中担任对应领队，赛后组织对应队员总结得失。

这种分组协作的方式，成为班级小组共同体活动的又一有效形式。可见，只要班主任清楚自己班级的建设目标，任何校级常规活动，都可以在某些环节上变通为具有班级特色的独特性活动。

三、常规活动与主题活动相结合

综合前面的介绍，无论是常规活动与班级特色活动的融合，还是基于常规活动的延伸性班级特色活动的开展，都需要班主任拥有学生立场，一切都为了促进学生更好地发展，智慧自然油然而生。立场不同自然带来不同的结果，班主任在组织活动时若能多一个"如何让学生更好地参与"的追问，或许会生发出新的教育性活动主题。以一次校级义卖活动为例：

某年，教育局号召：为支援精准扶贫学校，组织一次爱心义卖，将所得款项统一上交教育局统一购买教学用品。面对上级安排的义卖活动，如果班主任不做义卖环节的结构性思考，不深入考虑义卖各个环节学生的介入程度及所得到的锻炼意义，而只是被动参与，只为能上交一定义卖款项，也无可厚非。然而，如果班主任想借助这一契机让义卖活动成为学生成长中的一次节点活动，那么在整体安排上级活动过程中班主任的关注点就会有别。比如在义卖前，就不只是简单布置学生准备"义卖物品"这一行为，而会组织学生进行周密策划，包括了解"买家"兴趣、调查"市场行情"、确立班级义卖组织结构、作好相应宣传准备……这里不仅涉及资源调度，也关乎着学生在活动过程中要思考解决的问题的方案等等。正式义卖活动中，班主任要密切关注学生根据策划方案的实施情况，包括每个人的角色承担及同学间的协作情况，还有在义卖过程中表现出来的财经素养、与人沟通能力、应急问题的处理能力等等，有的问题可以进行现场指导和调控，有的问题则可以在活动结束后作总结反思时提出来。义卖活动结束后，除了统计义卖款项，还要及时组织学生充分总结，分析得与失，最好是形成重构性修订方案，还可以根据学生在具体活动中表现出的共性问题，设计对应主题班会深化认识等。

笔者2016年接手的活力四班，两年来形成的财经素养家长智慧课堂系列课程，就是因一次校级义卖活动发现班级孩子在活动中对金钱使用概念模糊而主动联系家长增设"家长课堂"发展而来的。可见，很多常规活动的意义并不仅仅在于活动本身，拥有教育眼光的班主任总会从学生参与活动的各种表现中捕捉到新的教育契机，开发出新的利于班级学生成长的活动序列。这种延伸性主题的开发来自每次活动后的反思重建及经验重组。无论任何活动，只要班主任善于从学生的成长出发，都可以从中找到新的生长点，让常规活动焕发出勃勃生机。

特色活动追求主题化和序列性

一个具有班级精神共同体特质的班级，自然会有其班级特色活动乃至品牌活动来彰显班级的独特风采。反之，借由班级特色活动序列建构来彰显和发展班级特色文化，也是很多优秀班主任的卓越班级经营之道。班级特色活动凸显的是"班级"特色而非活动本身的形式特色；关注的焦点是所建构的活动是否基于班级现状、班级学生特点而创生，是否与班级日常生活融通关联。

一、指向学生综合发展的不同主题架构

班级特色离不开序列性班级活动。"序列性的活动设计，并不是相同内容的简单重复，而是层层深入，加深学生的体会和感悟；是不断深化认识，不断更新行为，不断追求更高水平内化的过程。"（李家成、王晓丽、李晓文：《学生发展与教育指导纲要》）以下主题序列类型值得参考：

第一，指向班级发展的主题系列：比如通过班级组织建设（小干部培养），提升班级学生的领导力。需要注意的是，不同的班级起点，组织建设的方式各异。

第二，指向学生阶段性成长的主题系列：比如当前班级学生是否热爱阅读、是否热爱运动、是否会合作，如果在某一方面比较欠缺，那就在现阶段着力围绕这一方面加强序列性活动主题设计。

第三，指向品牌班级建设的班本课程系列。班本课程开发已不再是个新生事物，具体工作中大多会因为班主任的个性特长等主观原因而具有自身的独特性，这是不可避免的客观因素。不过所有的课程开发都是为了更好地促进学生的发展。而且，经验告诉我们，班级品牌课程也是在与家长

和学生互动中不断创生和完善的,是基于前面两个主题,经过积淀和积累形成的特色性课程(活动)。这些基于课程体系架构,强调活动的序列性和目标的聚焦性。比如笔者的"博物启蒙"班本课程,就是基于当前学生普遍存在着"自然缺失症"这一现实问题,与语文学科"观察与写作"相融通的班本课程,围绕培养学生对自然万物的好奇和敬畏这一核心目标,而不断创生出对应的阶段性课程活动序列。

二、同一主题活动的多向度序列设计

大主题确定下来,在具体开展活动时,要规划同一主题下的多向度的序列化设计。

1. 基于活动目标内容的梯度序列

以笔者主导推进的"学生生活素养提升"主题活动为例:从"生活技能和生命理解及生涯规划"三个维度展开,按低、中、高三个年段针对各维度设计不同小主题,再辅以时间轴划分,即一学年可以分为"暑假、寒假,上学期和下学期",把寒暑假生活与期初生活结合起来,学期中和学期末的内容结合起来,围绕"家庭、学校、社区"三个不同场域,学校出学期大主题,年级选择学期小专题,班级在年级专题之下组织对应小组(小队)小项目学习,形成了既有相对宏观的架构又有微观落实的活动体系。

这样,就考虑了学生的年龄特点,在不同生活时段,实现同一主题的目标逐渐呈现螺旋上升状态,活动内容也对应跟进。即便学校层面没有类似活动,班主任也可以有班级层面的顶层架构与阶段性活动的主题选择。

2. 基于活动相关因素的横向序列

组织一次活动涉及的因素很多,比如与之对应的事、人、物(环境)、境(活动实施中各种不确定因素),这些相关性因素错综复杂地交织在一起,为学生提供了新的发展可能。

以活动中学生之间的团队合作为例:为了某一项活动的实施,学生需要一起策划,考虑每个人的不同特长后给予相应分工,每个人在完成对应任务时需要作基础性常识准备,活动过程中需要与相关人员打交道,需要执行预案并应对各种突出状况。这种基于真实生活情境的体验性合作,不仅锻炼着学生处理问题的能力，也锻炼着学生的人际交往能力，由此形成的有核心目标的多元活动链，是对学生最好的历练。

以笔者所带班级体育社团活动之定向越野为例：我班体育社团成立于2017年春，体育社团成立初期的目标是通过周末趣味体育活动，提高班级学生的运动兴趣；通过家长轮值陪伴孩子运动，增进亲子之间的情感；通过小组对抗性游戏活动，增强学生的团队协作能力。体育社团经过几轮小组模拟游戏之后，选取了适合低年级小朋友集体运动的大沙河公园，在里面进行首次定向越野赛。第一次活动主要由家长设计实施，活动过程有序，但家长包办了活动所有的筹备工作，学生仅仅属于活动参与者。为此，我号召再开展一次升级版的定向越野赛。在第二轮活动中，我们有意增加学生的全程参与意识，从组长选举、小组组建到活动总结等，均体现学生的主体地位，学生参与性高，兴趣也高涨。在总结第二轮活动（2.0版）的基础上，我们将活动再次升级为3.0版，邀请邻班共同开展活动，让学生多了与平行班级学生和家长之间互动交往的机会。而4.0版则是通过变换场地、变换比赛规则，把定向越野和小组自主野炊结合起来，给了学生全新的体验。

活动的主题化和序列性最大的挑战是如何使活动目标清晰化，要想把握好每一次活动的具体目标与总体目标之间的关系，离不开顶层设计，更离不开每次活动后的反思和及时调控。

活动推进的全程性和创生性

活动"前移后续"的理念是新基础教育提出来的。他们所强调的"前移"，不是我们平常说的活动前的节目准备、背台词等，而是各种调研和策划中体现出的活动深度参与；所谓的"后续"，不是简单的总结评价，而是对本次活动的总结反思和重构，形成下一次对应的高阶活动。

一、活动实施前：把握好学生策划和教师引导的平衡

纵观我们平常的活动组织，活动由来（包括主题拟定）多是出自教师

和家长的策划。比如六一演出，表演什么节目，需要什么道具，甚至请谁指导，动作怎么编排，在小学阶段，一般全由班主任和核心家委包揽，学生只负责参与排练和表演就可以了。这种前期准备让学生处于被动服从状态，而活动"前移"，重在推动学生成为活动策划主体。

1. 如何让学生成为活动策划主体？

真正具有生长性的活动，从主题拟定开始就引导学生参与进来，充分发挥学生的主观能动性。比如义卖活动，在很多学校或班级都会组织。不管基于什么原因组织的义卖活动，在前期策划环节，除了让学生考虑带什么物品、定什么价格、在义卖中承担什么角色等前期工作之外，还要让学生协商摊位分工、宣传策略、义卖物品的市场热效度的调研、各个人员的分工及具体职责等。有了这些参与态度和能力考虑，学生在这个策划过程中，已经在培养自己的复杂性思维了。

2. 教师如何针对性介入指导？

实施中，班主任需要把握的是这些"前移性工作"学生具备多大的能力进行实质性策划。我们在充分发挥学生的参与意识、提高其策划能力的同时，也要作好针对性引导。比如，组织学生调研义卖商机时，引导学生充分调研和讨论，发掘学生的创新性思考，培养其创意性思维意识。

又如，指导学生的团队合作，分组准备义卖商品、设计摊位，促进学生沟通能力和合作能力的提高。

再如，项目组岗位分工之后，要做好岗位培训：店长、采购、宣传、销售、收银等各个岗位责任人，该承担哪些职责，工作中需要注意哪些问题，通过头脑风暴让学生预设问题，班主任或核心家委再辅以巧妙的问题提醒，让学生明晰各自的工作职责。

有了这样的前期准备，学生带着心理和能力准备上场，会更加得心应手。而班主任则有更多精力去关注活动过程中生发的新的教育契机。

二、活动实施中的密切关注与有效价值信息的捕捉和转化

活动实施环节，班主任要根据活动目标及规划高效组织，全方位关注，充分发掘活动过程中的生成性资源，促成活动意义的最大化，以及个体与

群体之间的高质量互动。

　　班主任要有应对突发事件的能力，这需要在策划时多一些活动预案的考量。而活动过程中的环节衔接、人际互动、目标达成等诸多方面的现场生活情境，是促进学生成长的良好载体，班主任要有意识地引导学生发现活动过程中的新问题和新机遇，增强其协调应变能力。

　　比如，义卖活动中因恶劣天气需更换场地怎么处理？某个同学突然不能到场，如何保证活动的顺利进行？如果有家长参与，如何与家长合作？如何与前来购物的家长沟通？要引导学生主动、智慧地应对突发问题。

三、活动之后的反思与重构

　　常态下，历次活动结束后，班主任会组织学生或自己就本次活动作总结，而总结什么决定了活动的衍生性意义得以多大程度地实现。我认为，具有"后续"特点的活动总结，至少要包括以下三个方面：

　　1. 对活动目标达成度的回顾

　　这是对活动本身的回顾性总结，总结出此类活动在今后开展中可以复制的好经验，以及今后需改进的地方：在组织实施中哪些还可以做得更好？哪些目标本次暂时没有得到很好的实现？原因是什么？后续可以安排什么活动将本次活动向纵深推进？

　　2. 对活动中人的发展的回顾

　　活动的根本目的是促进参与者本身的成长。因此活动结束后，要组织学生对个人参与过程作个简要反思，也要推动学生对小组（小队）、群体表现作个反思，总结得失，看见成长，也看到下一步努力的方向。

　　3. 对活动生成性资源的再提炼和再开发

　　任何活动的开展一定有很多预料之外的情况发生，有无法预料的精彩，也有无法预料的挑战。它们都是滋养人心的宝贵资源，活动后班主任要组织学生进行回顾，使其成为新的生长酵母。

　　有了以上三个层面对活动本身、相关人和事的回顾，一次活动对学生成长的意义就更大了。

过程实施的节点性和递进性

班级节点性主题活动，不像前面所讲的序列化活动那样具有连续性和序列化。但是基于学生生命成长中的节点事件，如果规划得好，会成为孩子们成长过程中的关键性因素，发挥着独一无二的价值。比如，有些学校或班级在学生开学后举行的"开笔礼"、中学生的"成人礼"、毕业班的"毕业旅行"等等。在学生特定的年龄节点上组织一次大型的富有纪念意义的特色活动，那将是学生生命中不可磨灭的永恒记忆。

再如，根据班级特定时间发生的特定事件开展对应的活动：因某位同学转学（离开）而组织一次特别的欢送会，因班级某次大型活动的失利或意外成功而开展一次主题班会等。这些节点事件仿佛无法预期，却也有章可循，那就是它们一定是可以推动学生生命成长的有意义的事件。

如何把握好节点事件，抓住时机将其设计成一个有意义的教育性活动，考验着班主任的信息提取能力和主题架构能力。下面以一个真实的案例来呈现笔者对此问题的思考。

一、主题由来

新学期，二年级数学游戏课程设置中有一个阶段是玩魔方。于是班内就涌现出了魔方热。孩子们热衷于玩魔方，也自然热衷于买魔方，魔方种类很多，除了普通魔方外，还有分阶魔方：二阶、三阶、四阶……部分孩子拥有不同的魔方，导致一些孩子艳羡，班内自然也就有了"丢魔方"事件。调查后发现，有学生以"在同学课桌上捡魔方"为名"拿走"他人的魔方。

作为班主任，面对班级丢失物品的现象，都不会置之不理。类似"我捡的"在低年级同学中时有发生，比如铅笔、橡皮擦，一个同学的丢了，另外一个同学"捡到了"，物品也就因此易主了。这类生活事件，我们采用的简单做法就是教导学生捡到东西要交给失主，找不到失主应该交公。但是大家都知道这种简单的说教达不到相应效果。笔者面对"丢魔方"事件，同时又结合学生对自己的物品，诸如铅笔、校服保管不善经常遗失等现象，想引导学生了解对于自己的、他人的和无主的物品如何处理的生活常识，于是就有了上一节物权主题班会的构想。

二、班会目标

从生活实际出发，初步培育孩子的物权观念，教育孩子懂得"爱护自己的物品，也尊重别人的物品，不是自己的东西任何时候都不能拿，别人不在场不得动别人的物品，借用别人的东西要征求别人的同意，用过之后要及时归还"等行为规则。

三、过程设计

1. 设置问题情境，引出三个物权概念

（1）我们去超市，发现货架上的巧克力棒掉在了地上，大家会怎么做，是捡起来吃掉，放在自己口袋里，还是放回货架去？

（2）如果同学的铅笔掉地上了，大家会怎么做？（找到失主还给他；放进自己的铅笔盒；交给老师或者放到讲台上……）

（3）如果是自己家里的东西掉到了地上，大家又会怎么办？

引出物权概念：在这三个场所，同样有东西掉在地上，为什么我们会有不同的处理方法呢？

（引出三个物权概念：第一个明确是别人的，第二个是无主的，第三个是自己的。）

2. 延伸讨论，明确做法

（1）这些情形经常发生在我们身边，刚才说到教室里丢失的铅笔，大家都知道要找到失主。如果不是一支铅笔，而是一叠钱或者是自己很喜欢的一个玩具（比如魔方……）呢？你心里真实的想法是什么？

（2）每个人心中住着两个"我"——"大我"和"小我"，这时两个"我"会展开一番对话。现在请同学们在心里扮演两个"我"，自己说给自己听。

（3）选两名同学分别扮演"大我"和"小我"，对话表演。

（4）总结：不管是什么东西——一支铅笔，或者是一叠钱，或者自己喜欢的物品，都一样，不属于自己的，都不可以拿。

3. 明确"捡""借"和"偷"的差异

（1）关于"捡"。当场发现别人丢了东西应该提醒对方捡起来；没发现失主，你捡到了要设法主动寻找失主，找不到失主可以让其他人代为保管（比如交给警察等），而不是占为己有。

（2）关于"借"。需要向别人借东西时语气要委婉，在别人允许的情况下使用，使用完毕立即归还并致谢；假如损坏了要主动赔偿，并致歉。

（3）关于"偷"。让所有同学都明白：随意拿人家东西是可耻的行为，会被人瞧不起，以后难以得到别人的尊重和信任。假如曾经拿（偷）了别人的东西，自己要用稳妥的方式归还。

4. 故事拓展，进一步深化思考

故事梗概：菲菲爸爸出差归来，给她带了一件礼物（套娃）和一盒当地特产，菲菲非常的喜欢。第二天，家里来了客人，妈妈就把爸爸送她的套娃和特产拿了出来，分给小客人吃和玩儿，小客人走时说喜欢套娃，妈妈就给他们一人分了一个。看到这一切，菲菲很伤心，躲在房间里哭了起来……

（1）请大家讨论：这件事情，妈妈做得对不对？菲菲应该怎么办？

（2）结合学生发言总结：妈妈这种做法不对，因为她没有尊重菲菲对爸爸送给她的礼物的所有权，没有经过菲菲的允许就分给小客人，菲菲伤心，是可以理解的。菲菲应该把自己难过的感觉告诉妈妈，并且告诉她今后动用自己的物品时要征得自己的同意。

（3）延伸强调：自己的东西要保护好，没有自己的允许，任何人不能拿走属于自己的东西；同样，别人的东西，没有经过他人允许，也不能私自据为己有。

四、案例反思

经由一节主题班会课，教给学生一些基本底线与原则，让他们知道哪些是对的，哪些是不对的，遇到类似情况以后怎么处理，不正确处理将会带来什么后果。针对性教育信息传递到了，后续延伸性活动重在观察与反馈引导，而不用再刻意设计教育性活动。同时，学生行为习惯的养成，离不开家长的配合。所以，教师还要设法让家长统一认识，对于孩子出现以"捡"为借口的私自拿（偷）别人物品的行为，若发现一定要及时解决，让孩子知道这样做不对，而且还必须受到相应惩罚，比如扣留孩子平日喜欢的物品，让他体会失去心爱的物品的心情和感受，和孩子讨论怎么归还等，以此达到共同教育之目的。

纵观本件事的处理，我们可以看出，班主任面对日常的琐细事件时，要善于把生活琐细提升为一类"教育现象"：从学生占小便宜到物权概念的渗透；再根据提炼的教育现象设计符合学生认知特点的教育性活动；还要考虑教育的复制性因素及家校合作的重要性。

所以，一个小小的"捡魔方"事件的处理，带给学生的认知信息是多元的，具有一定的普遍性和提升性，孩子在这样的有意义的教育活动中能获得更好的精神成长。

典型案例

品牌活动造就品牌班级

2016年7月9日，一个名为"博物频道"的微信公众号正式运营，公众号的主人是一名刚刚小学毕业的12岁男孩儿小赫。历经两年，该微信公众号发布原创文章100余篇，分为九个系列，都是小赫基于广泛阅读和独立思考写就的文章。对于一个初中孩子而言，在课余深入钻研自己感兴趣的领域，并通过"问答""征稿"等方式与读者互动，赚得过千的人气，是很不容易的事情。

这个公众号的开通，缘于小赫同学2016年小学毕业前夕在班级里的一个承诺——他希望通过"博物频道"公众号将当年班级博物启蒙这个品牌活动课程延续下去，为班级里对博物学感兴趣的同学及其他博物学爱好者搭建一个学习交流的平台，也希望通过公众号延续小学阶段的情意。没想到，这个少年说到做到，已经坚持了两个年头，从他2017年的总结中也看到了他后续对本专题的持续性学习研究计划。

作为他曾经的班主任，作为当年在班级中开展"博物启蒙班本系列活动"的直接推动人，我深感自豪，也被学生爆发出的潜能震撼！小赫等同学在当年系列活动中展露的探究能力和协作意识，以及小学毕业后对博物学的持续性研究，让我对班级活动有了新的思考和认识。

我这样问自己：什么样的活动是班级发展、学生成长所需要并值得持久性开发的？（即班级品牌活动如何界定？）作为班主任，回答这个问题的底气来自学生的直接反馈，来自活动延伸性价值的后续体现。感恩我的学生，这个完全由孩子自愿并独自承担的公众号，见证了这一切，也印证着当年班级博物系列品牌活动的意义。

打开"博物频道"公众号，我们会看到小作者分了九个系列。很多小专题是我们在小学阶段初步展开过研究的，比如"多肉植物""量子力学""外星人"等系列，当年孩子们均在大专题之下作过小专题研究，而小赫随着年龄的增长，愈加重视每个专题的源头信息资源收集，并初步形成个人的观点，实在难能可贵。以他在总结中的一段话作为印证："其实吧，不需要一看到'量子'就跳过，这个系列目前着重讲的是量子的历史。而且，因为我是理解了之后才敢写量子的，所以希望大家认真读一读，抱着平常心看待。另外，因为参考资料和书籍的不同，我所写的可能与别人曾知道的有出入，也不必太过惊讶。"在这个系列中，他先后发布了《外星人可能联系我们的方式》《如果月亮消失了》《如果太阳消失了》《如果人类消失了》《未来的飞机会是啥样》等文章，从中我们可以看到孩子们的思维方式正逐步向系统性发展。他关于初中化学、生物拓展性知识的文章，更让人感受到孩子的宏观视野。这些带给我的思考是：孩子们的这些复杂性、系统性思维特征，在学校课本学习中能够得以很好地发展和展现吗？

一个人在超越了眼前学习的知识碎片，自觉进入知识背景的追溯，自觉把知识与生活，把自己与他人，把人与自然万物联系起来思考的时候，就意味着真正意义上的学习和成长开始了。

这是我三年中陪伴孩子们开展博物启蒙课程活动的最大感受，也是我一直推行的"四尊"班级文化所要凸显的重要理念。回顾当年博物启蒙课程活动的由来及实施过程，我对班级活动本身的价值开发及对深入其间的师生的各种影响有了新的认识。

第一，品牌活动主题孕育在班级文化的理念里。

关注并着力推动博物启蒙系列活动，始于多年前学生寒暑假归来后假期生活见闻分享的空洞无物。应该说，深圳孩子们的假期生活是丰富的。不管是深圳当地丰富的资源，还是很多孩子在寒暑假回到地域、人文风情迥异的故乡的新体验，还是家长设计的各种国内外旅行，都有着大量的信息资源可以进入学生视野，然而假期结束，孩子们在班内分享时却很少有人能细致描述一处小景物或准确形容某种美食的具体味道。

人是大地之子，按理说，哪有孩子不喜欢大自然的？只是暂时缺少与自然链接的意识和深切触动。记得日本一位教育家说过这样一句话：我们要培养学生面对一丛野菊花而怦然心动的情怀。能够对平凡而伟大的如野菊花般的万物怦然心动，自然会尊重生命、敬畏自然，自然也会产生对人的尊重，知晓生命的不可重复性。

从哪里切入？几乎所有学校都会重视环保教育，但多是行动倡议或行为律令。如何从环保教育过渡到引导孩子关注自然环境，从精神层面唤起孩子内心深处对自然万物的好奇？笔者带着孩子们开始了三年的博物启蒙品牌课程之旅。

第二，品牌活动的生命力孕育在学生的兴趣里。

博物学，这是个听起来有些深奥的名字，与小学生谈博物学合适吗？我也曾疑虑过，后来读到著名博物学家莱斯利·罗斯在《笔记大自然》一书里对博物学的界定——"实际上，博物学就是了解你周围的一切。它可以是从山巅上眺望的一片森林狭长的远景，可以是围绕在城市街道两旁的一片杂草，可以是一只鲸鱼跃出海面的剪影，也可以是浅塘里水藻上长出的茂盛原生物。相比于虚拟存在，有人更喜爱现实存在。无论怎样，世界的每一个角落都有无限的活力，等着人们去探索，哪怕只有片刻。至于那些所谓的'现代科技的奇迹'，我要提醒读者：即使是路边的杂草或者池塘里的原生物，也远比人类发明的任何装置要复杂难解得多"——我茅塞顿开。

博物启蒙活动课，正是从学生身边熟悉的自然万物切入，带领学生从熟悉的校园、社区里认识那些熟悉而陌生的植物开始，引导学生回到"生活世界"，从小与自然建立起亲密的心灵链接，通过适当"嵌入"背景知识和小主题研究，让孩子们在学习中感受人与自然的紧密联系，为他们开辟一条探索周围世界的新途径，唤起他们对自然的敬畏意识。而从身边的小花小草开始，从简单的自然笔记（涂鸦）开始，学生的兴趣一点一点得以激发。

第三，品牌活动的持久性有赖于学生的自主参与。

当年在班级推进博物启蒙系列活动课，主要经历了两个阶段：低年段主要是家长和老师合作，以成人引领为主，给学生一把探索自然的钥匙。比如在二年级，我们从认识身边熟悉的植物开始，以"识名"为基本目标。到了中高年级，限于孩子们的生活空间和眼界，在唤起学生对身边常见植物认识兴趣的基础上，辅以BBC《植物私生活》等影视资源的赏析，让学生了解植物的生长过程、鲜为人知的生活习性等，进一步激发他们的探究热情。

随着植物知识的积累，孩子们各自不同的兴趣点逐渐显露，这就为后续小组小主题探究奠定了基础。小主题探究始于三年级下学期班级集体种植"多肉植物"。当时班内共同种植多肉植物70多盆，每名学生在家至少精心种植一盆，然后以小组为单位，研究某一科，并把网上学习、实践观察、影视欣赏和"肉肉书"创作等形式结合起来。四年级，与科学学科教学结合起来，在班内分小组进行生态瓶制作和管理。再到后来"动植物共生共栖""神奇的石头"等专题中孩子们自由组合，以小组小项目研究为基本形式，课下自主探究，每周以一个小组为主讲，其他小组和老师做听众，进行展示交流、深入探讨。

三年的博物启蒙课程的内容及实施：老师确立每学期的大主题，学生则分组按研究时段及主题确立自己感兴趣的小子题，由课内延伸到课外，由面对面交流延伸到网络互动，由一个班延伸到年级、学校。这一切的发生，都源于学生在班级品牌持续性活动过程中，逐渐形成的稳定的研究兴趣点，并在外在激励与个人内在动力的驱动下，不断探究和发现。

第四，品牌活动的价值体现在学生的认知里。

所有的活动的终极目标都是促进学生的发展。发展包括多个方面，有技能的提升，有知识的丰富，而我认为最可贵也是最不易的是孩子们健康情感的培育及价值观的形成。下面分享一名学生在研究"小动物专题"时写的一篇小文章：

"快乐生活"与"只是活着"

可能很多从小不了解乌龟习性的大人，会觉得："养乌龟？容易着呢。"但是，真实的情况却是：它们不是容易养，而是不容易死。当我看到钟同学家的乌龟生活在一个双层还带瀑布过滤器的大乌龟箱里时，我真心感叹他家的乌龟实在太幸运了。钟同学实在大方啊，他竟然用虾干来喂养它们，这些乌龟真幸福，它们也确实比水族馆里的乌龟精神着呢！

像这样幸福生活着的乌龟太少啦。毫不夸张地说，世界上80%的养殖巴西龟是没有快乐过的。它们只是活着罢了。

我这里所说的快乐，并不是指你把它放生掉。一来巴西龟为入侵物种，对生态有害；二来人工养大的巴西龟在自然状态下是不会猎食的。所以，放生并不能让它快乐。

我只想说，在你养小动物的时候，请你想一想：快乐生活和只是活着是两回事，请你尽量让它快乐！（何婧萱）

这是当年一个孩子在博物活动观察日记循环故事本中的即兴表达，我们明显感觉到了她哲学思维的发展，她不只是在讨论如何养乌龟，而传递给我们一个深刻的信息：她已经在做生命终极意义的思考。且看孩子文章结尾的这句话："在你养小动物的时候，请你想一想：快乐生活和只是活着是两回事，请你尽量让它快乐！"

类似的深刻对话，不时在孩子们的日常交流中、课堂互动中发生和上演着。课程开设以来，孩子们对万物及生命哲学等人生终极问题的思考，其面之广，其思考之深入，常常让我发出感叹：难道这是真的吗？难道这是十一二岁的孩子所关注并能回答的问题吗？我不时被孩子们震撼着、感动着。

我惊喜地发现，博物启蒙课程仿佛给孩子们搭了一架求知的天梯，孩子们基于兴趣主动进行着多学科的融通性学习，学习过程中，他们加深了对世间万物以及自身的理解，也促成了班级学习共同体和精神共同体的形成。我想，这应该是班级品牌活动最值得追求的深远意义吧！

以上只是一个典型案例，无论是主题的由来，还是几年的实施推进，乃至于后来有孩子自发开设公众号持续性地抱团研究，都带有班级特质，但每个阶段也体现出了班级品牌活动实施的普适性原理。综合起来，我们可以看到，无论是主题班队活动的设计与实施，还是基于学生自主策划、组织的社团活动的开展，还是节令等节点性活动的开展，离不开与学生的日常生活的融合。通过主题活动，聚焦学生日常活动中的成长主题；通过社团组织，聚焦学生探究兴趣和群体协作意识的培养；通过节点性活动的实施，让学生的日常生活多了仪式感和丰富性……我们应努力寻求通过活动抵达学生心灵的秘密通道。

温馨贴士

不为活动而活动

活动对孩子的成长意义毋庸赘述，但是在具体实践过程中，我们也看到一些为活动而活动的现象。如何增加活动的教育性意义？笔者认为我们需要把握以下几个基本原则：

一、教育性原则

时下，有一种现象就是为了追求教育活动的创新，而忽略了活动的教育性。这类现象大家只要静思，就不难找到对应案例。班级活动的教育性，除了体现教育规律之外，要重点看教育内容是否真正"内化"于学生心田，起到滋养心灵的作用。班级活动的教育性，不仅要看组织活动的动机，更要看组织活动的效果，要把二者统一起来。盲目性是教育性的大敌，班主任组织开展班级活动，既要考虑内容，又要考虑形式，既要考虑全体学生，又要考虑活动的全过程。

二、针对性原则

班级活动要讲求针对性，针对性越强，收效越大。一是要针对学生的年龄特点和身心发展需要。同一内容的教育，在各个年龄段都可以进行，但具体的内容层次和方法却应有所区别，没有区别就没有了针对性。例如，同样是"亲情教育"，低年段和高年段的侧重点就大大有别。二是要针对班级里实际存在的问题。活动总要解决点问题，越是能针对班级里现实存在的问题开展活动，效果会越好。三是可针对当前学生成长过程中遇到的社会热点问题，组织学生进行讨论，增强学生关注社会的意识，发展学生的社会性角色。

三、整体性原则

整体性，有人也叫完整性、立体性，都是强调关注活动的全过程和活动的各个侧面，使其成为一个系统，最大限度地发挥教育作用。一次活动，一种活动，一学期或一学年的活动，都有整体性的问题。一次活动，要有一个完整的过程，包括酝酿、计划、准备、实施、小结等阶段。一次活动的教育作用，体现在活动的全过程之中。从酝酿、计划、准备到总结反思，都要组织学生最大限度地深度参与。

一次活动，要有几个侧面，各个侧面构成一个整体。一般来说，至少应考虑活动的主题内容、活动的基本形式、活动的组织领导、活动的舆论配合、活动的时间与地点、活动的基本要求等，这些方面都需从班级实际出发、从教育效果出发进行统筹安排。如果有一个侧面、一个局部配合不好，就会影响整体效果。

四、创生性原则

班级活动不能照猫画虎，不能老生常谈，要保持班级活动的高度吸引力，获得最佳效果，必须具有创生性。创生性首先表现在活动内容上，这就要求随着班集体的发展，随着客观形势的变化，不断丰富和充实活动的内容。我们必须善于敏感地、及时地发现学生日常生活中的教育契机，也要善于整合社会热点问题与学生成长的关系，有机纳入到班级活动中来。把基本的、常规的教育活动内容与班级独特性需要有机结合起来，是班级活动创造性的根本。

创生性还表现在活动形式上。再好的内容，没有学生主体性参与，没有学生积极的创造性努力，都会变成任务，失去了活动本义。要想班级活动具有创生性，班主任要开放心态，鼓励学生大胆构思、讨论，形成成熟的活动方案，再进行组织实施。

创生性体现在主题的开发上，也体现在活动内容的策划设计中，更体现在过程实施和活动后续的反思重建之中，只有能促进孩子成长的活动才是有意义的活动。

第九章

学生发展性评价：
从量化定性到多元激励

CHAPTER 9
从班级到成长共同体

第十章
家校合作：
从浅层信息互通到多维互动发展

教育离不开评价。何谓教育性评价？即在一定的教育价值观指导下，根据一定的标准，通过现代教育评价的一系列方法和技术，对学生个体成长发展情况进行判断的活动。评价具有导向性、发展性，能引导学生在接受和参与多元评价过程中，提高自我评价、自我教育能力，这是发展性评价的基本特点。

> 带班困惑

"积分兑换"的那些尴尬事儿

日常工作中，班主任都会重视班级评价，不同班级有着各自独特的班级评价策略，从各个班级各具创意的评比栏就可以看出班主任们所作的努力。

新上岗的小刘老师被安排担任小学二年级的班主任，虚心的她开学初到各个教室参观同事们的教室环境布置，各种评比栏和作品展示区让她眼花缭乱。比较中她发现邻班有经验的同事的班级评价内容全面，班级红花榜上每个孩子的名字都在上面，项目也很齐全，她好生羡慕。她了解到基本程序是：学生表现好就对应得到一朵红花，十朵红花可兑换一张苹果贴纸，积攒够十张苹果贴纸后到老师那里兑换奖品。

小刘老师也想在班内实施类似评价，她把红花换成了积分，和家长商议购买了不同面值的积分卡，把学生日常表现罗列出来以分值计算，比如上课积极发言记1分，一周不迟到记5分，做操认真记2分，等等。当然，在行为表现不好时，也有相应减分。一周内有小干部分类记录每个人的得分，每周五作总结，并发放分值卡。一个月颁发一次奖品，按30分、50

分等不同等级兑换相应的奖品。奖品是家长和孩子们建议的种类，实行积分制以来，孩子们热情一直很高。

一天晚上，小刘老师接到米粒妈妈的电话，说孩子不小心弄丢了一张10分的卡，因为担心下周兑奖时得不到她一直期望的那个奖品，而在家伤心地哭。小刘老师当即答应第二天给米粒补一张10分卡，妈妈反馈孩子当即破涕为笑。

米粒的表现让小刘老师陷入了沉思。施行积分制两个月来，孩子们很在意分数，但更在意得了多少分数可以兑换什么奖品，每到月底，孩子们都在计算自己的分数和考虑兑换什么奖品。小刘老师打算在班级做个"试验"，让孩子们讲讲这个月自己哪些方面表现好而得了奖励，哪些方面表现不太好而被扣分了。结果能说清楚个人表现的同学很少，倒是人人都记得自己兑换了什么礼物。这是否又违背了班级评价的真义呢？小刘老师再次迷茫了。

相信每位班主任对上述案例都不会陌生。实际工作中，靠某种外物对学生行为表现和学业成绩进行评价记录的方式很普遍，只是所用的假借物不同而已。我们用一个简单的公式表示：表现好＝挣积分＝兑换奖品。这个过程中孩子们的思维常常是反过来的：想得奖品＝挣积分＝表现好。这种评价使得低年段孩子"规范"行为是为了挣奖品而不是从内心认同并明白为什么要这么做，高年段孩子则对这种"小儿科"的奖品兴趣不高，因此起不到激发其向上向善的评价激励作用。

导致"积分奖励评价的尴尬"的根本原因在哪里？笔者认为根本原因在于日常评价中班主任还是更在意对孩子的表现结果给予定性评价，而忽略了评价的过程引导和目标的激励性。

那么，如何发挥评价的真正激励性效能？我们需要反思日常的评价内容及策略是否达到了促进学生发展的目的。笔者借助发展性评价理论综合实践，通过评价工具的发展与创新及传统评价策略的革新与发展，追求有品质的班级评价体系建构。

> 创意策略

评价工具的发展与更新

班主任们回想一下,日常工作中除了大家熟知的成长记录袋(册)、各类评比表之外,我们还借用哪些评价工具进行班级评价?这里介绍新基础教育开发的几种评价工具(李家成:《班级日常生活重建中的学生发展》),从他们所开发的评价工具中,我们看到的不只是创意,还有教育思想的分野。

第一种:实践活动。这是指班级内学生组织开展的各类班级活动,和以班级为单位参与的学校与社会活动,其评价主体往往是班主任、年级主任、学校领导、社会人士等等。比如部分学校所开展的班级值周、校园小岗位建设、校园活动招标、大型活动中,有着极其丰富的活动资源和评价资源。在新基础教育改革研究中,通过建立班级生活的内容结构,事实上已经在形成丰富的实践活动体系;而这类活动将促成学生的健康发展,活动的质量标示着学生发展的质量。

第二种:日常观察。无论是学生自我,还是教育工作者,都可以借助日常观察,形成丰富的学生发展评价信息。通过将相关评价日常化,例如一日一评、一周一评等,将晨会、班队会或周会时间还给学生与班主任,这类评价活动可以渗透到每一周乃至于每一天的班级生活之中。

第三种:学生作品。在班级建设中,学生的"作品"渗透在全部的班级生活内容中,如班级里的岗位工作质量、班级内社团的运行状态等,如班级报纸、个人简报、黑板报等,如相关班级活动的方案与成果等,如学生创造的班级、小队的相关标识等。这类作品的呈现方式,可以是作品展览、成长册、成长袋、文本记录、教室墙壁展示等等。有实践者指出:"展览是衡量学习成果的最佳方式,因为这直接将学生置于他们学习的中心地带,这比纸笔测验有价值得多。同时,因为展览是互动性的,这促使学生形成更强的学习愿望。这是重要的。"在美国的大图景学校或华德福学校里，展览都是评价学生学习成就的重要手段。

第四种：现场展示。这是指学生以班级为单位，以综合性或专题性方式，向他人展示班级、小组与小队、个人的形象，展现发展水平。在新基础教育实践研究中，利用晨会、班队会或周会等时间，以主题活动现场的方式对外公开，并极其强调主题活动的长程系列建构，淡化一次性展示意识，突出长程发展色彩。每一次这样的活动现场，都能对学生的综合素质形成清晰的认识与评价。

第五种：调查问卷。这包括针对学生和班主任的问卷，并因为有可能与其他班级、学校、地区等开展比较，因此具有重要的研究价值。通过这套问卷，可以对学生的行为方式质量、精神发育质量等作出一定的概括，并可以在大样本研究的基础上，开展比较研究。

第六种：专题测试。类似于学科教学中的考试，班级建设领域同样可以开展相关测试，可以开发出针对学生相关知识、能力、思维、道德发展等的评价工具。例如 OECD 组织的 PISA 测试关注到学生语言、数学、科学三大领域中的一系列能力发展，包括元认知、问题解决能力、信息素养、学科素养等。这提示我们，针对班级建设的特殊性，可以开发相关的测评工具，对学生的思维能力发展、知识应用、学习能力等进行考核。但特别重要的是，相关测试内容需要来自于学生的日常生活，并能够通过测试，引导学生关注日常生活，引领学生班级日常生活的发展。

纵观上述评价工具，会不会有部分老师感到惊讶，原来班级实践活动、现场展示等也能成为评价工具之一？日常实践中，我们也会有诸如学生作品展览、现场展示等活动形式，却没有意识到还可以作为评价工具发挥其特有的功能，而只是为了活动本身。比如作品展览，我们更多的是就展览层面让学生对作品进行比较甄别，而忽略了学生作品背后每个学生的态度、兴趣、能力等信息的评定，更忽略了依据展览作品所反馈的信息针对性地组织后续性活动。

所以，借由新基础教育团队总结出来的这些我们熟悉的评价手段，我们需要学习借鉴的是如何发挥这些常规评价工具的综合效应，如何借由常态活动得以发现和发掘学生在各项活动中展示出的态度、情感和能力水平，然后再用一种合适的方式转化激励学生的手段，而不是一味追求前所未有的新做法和新的评价工具。以上这些评价工具，打开了我们的思路，为班级评价工作打开了一扇窗。

从言行到品性的评价内容更新

班级评价的方向性取决于评价内容的确定。为了方便操作，老师们往往重视指标的行为化、数量化、可测性，这样就很容易把被评价者的注意力引到指标体系所规定的具体行为上，只注意枝节的、具体的、零碎的行为，即我做什么和不做什么，而忽视个人内在素质的提高，更难兼顾到学生的个体差异。因此，在设定评价内容时，我们需遵循一个基本的原则：结合班级实际，筛选阶段性行为养成焦点问题，建立一个关注学生的努力程度、个人的进步以及个性展示的梯级递进式评价内容体系，而不是简单的行为规范以及与他人的比较。通过个人阶段性重点目标的达成，学生的努力目标将会更加明确、行为将会得到规范、人格将会得到塑造，学生的注意力将会指向他们自己的进步和好的表现上。

一、围绕班级文化制定年度评价目标

在确定评价内容时，班主任要根据班级文化内涵，结合班级实际进行阶段性分解，注重对学生综合素质的考查，促进学生的全面发展。如我曾在一个班把班级文化内涵定位为"学会尊重"，班训是"尊重自己、欣赏他人"，并分解为"尊人、尊己、尊物、尊规"等具体行为。在学年初，我会结合上述指导思想讨论制定出相应的班级学年总目标。

二、结合个体差异制定个人评价重点

美国学者克隆巴赫认为，对于改进工作形成性评价比总结性评价重要得多。他强调："评价能完成的最大贡献是确定过程需要改进的地方。"在年段细则确立以后，在年段实施中为体现针对性，各班级要结合不同年段

要求,根据班级实情,在开学初确立出本班学期养成重点。我们知道,任何一条具体的规则,面对特质各异的孩子(他们的起点不一样,努力的方向也将有别),要给他们留有个人发展的空间。各班要针对学生实际存在的问题,采取行之有效的教育对策。因此,在建立促进全体学生发展的评价指标上,班主任需要在评价内容上兼顾个人差异,做到引导每个孩子都向着自己进步的方向努力。这就需要把细则进一步细化,一人一表,把要求细化到月、周,一月一小结,一周一重点,滚雪球式推进。以下为各年段代表班级评价表示例。

一(3)班家校行为评价表(低段)

姓名:

	项 目	老师的话
在校要求	能按时上学,从不迟到;穿校服,佩戴好红领巾。	
	及时作好课前准备;上课专心听讲,不溜号;能积极发言,声音响亮。	
	认真、独立完成作业;能及时改正错题;能及时预习新课。	自己的话
	能遵守纪律,不跑跳;下课、午休做有益的游戏;与同学友好相处,说话礼貌。	
	认真值日,不怕脏累;能保持座位周围整洁;能认真上课间操,做眼操,积极锻炼。	
在家要求	生活自理:会穿衣服,会系红领巾、鞋带,会铺床叠被,会洗红领巾、手帕和袜子。	家长的话
	学习自理:会整理书包,备齐学习用品,书本会摆放整齐等;爱惜书本,不在书上乱涂乱画。	
	卫生习惯:讲究个人卫生,会剪指甲,洗头洗澡,用过的东西放回原处。	
	尊敬长辈:对长辈有礼貌,上学、放学要与长辈打招呼,对长辈给予的帮助要说谢谢。	

四（1）班个人习惯养成重点评价表（中段）

姓名：

场域分类	不同场合的具体行为要求 （目标：自己的事情自己做）	评价前测 个人改进重点	第一周		第二周	
			自评	他评	自评	他评
家庭	1. 整理书桌、书柜和床铺；清洗内衣、鞋袜。					
	2. 当晚准备好第二天上学所需衣物和学具。					
	3. 主动完成作业，不需家长督促，不拖拉。					
	4. 不给父母添麻烦，外出需家长同意且按时回家。					
	家长寄语：					
学校	1. 每天自觉及时上交各项作业，自觉作好课前准备。					
	2. 错题及时订正；有时缺课自觉补齐所缺课业。					
	3. 保持课桌内外、座位前后整洁。					
	4. 值日时尽职尽责，有事请人代做，事后主动顶替。					
	5. 承担班级管理任务不出漏洞，按要求完成。					
	6. 阳光体育自觉锻炼；课间做正当游戏，不惹事。					
	班主任寄语：					

续表

场域分类	不同场合的具体行为要求 （目标：自己的事情自己做）	评价前测 个人改进重点	第一周		第二周	
			自评	他评	自评	他评
主动承担责任	家庭：					
	班级：					
	学校（社区）：					

五（3）班个人习惯养成重点评价表（高段）

姓名：

场合	习惯养成重点 （每个分号前为一项，每项5分，酌情计分）	自评	家评	组评	师评	扣分说明
对己	1. 注意安全，不攀爬栏杆，不在楼道追逐，不玩危险游戏；按时作息，不赖床，不晚睡；按时上学不迟到（每迟到一次扣2分）；阳光体育勤运动。					
	2. 按要求着装，课桌内外整洁，座位前后无纸屑；遇事冷静、不性急，不拿他人、他物甚至自己出气；语言文明，不说粗口；不在QQ群里乱发言。					
改进重点10分		加分奖励10分	小结			

续表

场合	习惯养成重点 （每个分号前为一项，每项5分，酌情计分）	自评	家评	组评	师评	扣分说明
对人	1. 有教养，语言文明，不嘲笑不挖苦；善意指出他人缺点，不夸大事实或报复；欣赏他人优点，不恶语伤人或妒忌他人；不能翻看别人课桌或书包里的东西。					
	2. 周一至周四无特殊情况不许串门；别人讲话注意听、不东张西望，不随意插话或抢话；上课积极发言。					
改进重点10分		加分奖励10分		小结		

从以上三个表格可以看出，低、中、高三段不仅内容差异大，且都重在行为导向。年段不同，在评价过程中"个人""家长""老师"和"同学"的介入程度也不同。比如低年段通过爸爸妈妈和老师的话，细致提醒孩子怎么做；中、高年段则设置学生自填项——"改进重点"栏，目的是给学生提供一个自我反思的机会，知道自己在这个要求上有哪些方面好，需要发扬，哪些还做得不够，需要改进。在学生进行个人评估之后，教师寄语则是一项细致工作——就是根据学生所写的情况，根据学生实际情况、潜能和不足，作一个比较全面的评估（并不是所有的孩子都能够正确认识自己，教师要通过这个方式进行调控补充），用清楚、简练、可测量的目标术语表达出来，引导学生制订改进计划。通常，改进计划中注意将学生发展优势领域方面的特征向其发展不足的领域迁移，以促进其潜能获得不断的激发。

从个体界定到群体情感态度的综合观照

一般而言,有评价就有"比较",有"比较"就会有"伤害"。在推行班级发展性评价过程中,我们尽量将"比较性伤害"降到最低,除了重视对学生行为养成的目标导向和激发内省、自我规约之外,还关注评价过程中学生的精神动态,重视良性竞争等健康心理的培育;重视个体和群体评价相结合,以实现评价方式对学生个体及班级整体的激励性效应。

一、小组动态评价体现合作共赢

传统的评价方式是全班评优式个人单项评价,如果考虑不周会让学生之间形成"恶意竞争",易产生敌对情绪,不利于团队意识的形成。如何通过评价方式的变革,引导学生关注过程中的努力、个人的进步,增强进取意识的同时又能够营造互助氛围,增强他们的团队精神呢?笔者近年来在建构"小组学习共同体"的过程中,采用小组"捆绑式"评价方式,收到了不错的效果。具体做法是:

1. 成立对子小组

优中差合理搭配,男女混编,最后班级十个四人小组要实力基本相当,编完后组内自选小组长,组长和组员商议自挑对子组(你愿意和哪个组竞争学习,双方达成协议……)"这些充满异质性的个体……,见面打招呼,相互交谈,彼此交流信息和意见,发生冲突和合作,他们都直接地对各自的理解产生影响。在相互介入的过程中,他们不断产生新的同质性,也同时产生新的异质性。"(赵健:《学习共同体的建构》)

2. 制定小组考核制度

常规评价分课堂表现、作业完成、课外阅读、行为习惯四个方面,评价细则集体讨论制定,尽量细致以便于评价操作。比如作业:按时上交作业,书写认真,有错及时订正,不留空白……另外特设"嘉奖项":比如进步最大的、为班级做好事的、助人为乐的、有特殊贡献的、积极参与班级活动以及校内外各项活动的等等。

3. 制定小组评价办法

各单项均以不同的"星星"计算。四方面的常规分周侧重检查（例如第一周主抓作业，第二周主抓课堂表现……有的是小组捆绑式评价，比如预习有三个人完成，就得一颗达标星……），每一项都有专门的班干部负责。小组检查方式采用小组自查、对子组互查（比如阅读，比如作业质量……）、班干抽查等方式。每周主抓一个方面的一个侧面，然后进行综合，月末按星星数目评出优胜组。

以小组为单位进行评价能更好地培养团队意识。比如某次考核，组内有三个及以上的同学完成了某项任务，除了达标的同学获得"星星"之外，小组还有一颗集体星。这样在小组中相互提醒、相互帮助就成了自觉行为，比教师或某一个班干部管某一项要落实得更到位。有些项目评价不计算个人而是计算组内平均水平（比如阅读量的评比，月考成绩的评比），个人的只是前后比较，有进步就有嘉奖。由于这种评价引导学生关注个人的行为反馈，即使有不足还可以通过一定的方式去改进和弥补，看到自己的进步，最大程度上降低与他人的比较，使每位学生在这个特殊的共同体里，找到自我归属感，得到被接纳的愉悦，提高自我认知，进而努力做一个更好的自己；同时在各项活动参与中，学习相互尊重与相互理解，学会自我克制，懂得如何与人共处，进而提高与人沟通、协作能力；在与对子组的竞争评比过程中，学会欣赏他人，扬长避短，辩证地看待自己与他人，进而培养健康积极的良性竞争心态，达到合作共赢之效果。

二、梯级达标评价突出鼓励促进

前面提到在评价过程中，为了使评价落到实处，我们通过一定梯级目标细化要求，及时反馈，让学生能够更加及时地调整自己的行为。我们每周只主抓一个问题的一个侧面，这样螺旋上升，渐进式提高要求。以"作业评价"为例：表格中的"作业"包括课前准备、课堂练习、课后练习、实践活动、阶段总结等，在具体操作时我们每个周（月）侧重一个方面的评价。比如第一周：我们重点评价学生书面作业的态度（书写是否工整，是否按时上交）；第二周：评价听读作业的落实情况；第三周：重点考查是否能够按时完成且能够及时补救自己未完成的项目；第四周：进行抽查式评价，即不确定是抽查书面的还是听读的，也不确定是哪一次具体作业，只规定是这一阶段的某一次作业。

这样的梯级目标，实际上是对学生逐级提高行为要求，评价的过程就是行为导向的过程，旨在引导学生知道自己怎么做。而成人（班主任和家长）关注孩子们在行为达成中的态度表现和心灵的成长，促进学生向着更好的自己而努力，同时又对自己的进步感到开心等；关注并引导学生重视心理感受，再通过行为表现出自己的努力与进步及自我认同感。梯级式目标的达成容易让孩子聚焦某一方面的成长。

三、嘉奖项目评价发展兴趣特长

《礼记·学记》上说："当其可之谓时"。意思是说：要按照学生的特点，选择适当的时机进行教育。评价也不例外，恰到好处的即时评价有利于正面强化学生言行。操作中的动态评价包括了一些不确定的"嘉奖项目"，如设立参与奖、成就奖、才艺奖、组织奖、进步奖、爱心奖等。即在班级基本评比内容之外，设置一些开放式的嘉奖项目，除了专为那些主动寻找机会为班级担负起职责、积极做好人好事、积极组织小组活动、积极参与各级各类活动的学生创造机会外，还有很重要的一点是为学生展示个人才艺搭建平台，开展丰富多彩的班级活动。

这样做不仅有利于学生的自主创新意识的培养，增进交流，增强自信，也有利于教师有更多机会发现孩子的优点。为了小组能获得更好的评价结果，他们会主动组织一些活动，开展一些新颖的项目。每次活动之后教师就及时总结，对表现突出的学生予以口头表扬，或者给他们提供一个经验交流的机会，有时甚至赋予他们主持某一项活动的"特权"。比如家访中，我发现几名孩子特别喜欢读报，关注新闻，就把每周二的八点十分至三十分设立为"新闻发布会"时间，给他们专门的平台展示个人特长。有画画特长的，有意交给他们一些环境布置任务；朗读能力强的，使其担负起晨读领读任务……尽量给他们提供施展才华的机会。

这种蕴含于轻松的日常活动中的即时评价活动，使每个学生都能够在自然情境下展现自己的知识和能力、兴趣和特长，效果很好。

从单一到多元的评价策略更新

通常情况下，我们以是否增加了评价主体（既有教师、家长，也有学生本人和同学）来权衡多元评价的推进。相信老师们在具体实践中也更深刻地体认到评价主体的实质性参与才是多元评价真实有效的重要参照，而不是某项活动结束时多元"评语"的呈现。以下几种方式可以作为参考。

一、通过家长介入评价活动，促进家校间更为密切地合作

无论学校有着怎样先进、前沿的思想，无论班级有着怎样明确的发展方向，目标的达成都有赖于每位教师与每个家庭建立起亲密、合作的联系，这样才能把一条条教育思想变成一个个具体的教育实践行为。只有双方积极主动地相互了解、互相配合、相互支持，建立良性的家校关系，才会有和谐的教育环境，才利于促进学生的全面发展。因此，教师有责任通过适当的方式让家长明确你的教育思想和班级目标。为了家长有效参与到评价中，我们还应对家长评价形式和侧重点给予指导。以作业项目评价为例，在邀请家长参与评价之前，我们会对如何评价孩子的作业给予精要说明：家长侧重从孩子完成家庭作业的自觉性（是否需要督促）、速度（是否磨蹭、拖沓）、态度（作业书写是否认真、正确、规范）、任务外的求知学习（学会根据自我学习情况，进行针对性自我补救）等方面来评估。这样的引导有利于家长更多地关注孩子的学习态度和学习品质，而不是简单地陪读、检查作业的对错，教育合力就不言而喻了。

为了让家长系统了解班级发展目标，我们需要探讨一种比较系统的沟通形式，引导家长更好地参与到全程管理中来。为让家长配合学校把相应的家庭规训细则落实到学生家庭生活指导中，笔者通常会以书信的形式给家长提出具体的建议。如在开学初，全班讨论制定本学期班级学生习惯养成重点，围绕重点再拟定出每个月需要具体落实的学校、家庭规训细则，制定出相应的评价表，在实施前以书信的形式将建议传达给家长。以下是

笔者 2008 年在五（4）班的阶段性目标落实中给家长的建议：

尊敬的家长：

  根据本班学生特点，以及家长所反映的孩子的在家表现，今年上半年班级管理将从"学习习惯"和"日常生活习惯"入手，重点让学生明确学习是自己的义务和责任，孝敬父母是自己的本分，同时明确在家庭和班级应该担当的责任。特制定本学期学生在校规训细则和家庭规训细则。条目不贪多求全，尽量做到列一条落实一条。要使细则要求逐步成为孩子一生的好习惯，离不开您的协同管理与督促。现将家庭规训细则评价表下发，请您结合每月重点，先和孩子一起自评，并结合孩子实际在相应备注栏注明特别需要改进的细节要求，列出阶段改进重点，商讨改进措施，月末按月重点分项复评，提出下一步目标。谢谢。（细则表见下）

家庭规训细则评价表

月 份	归训细则 （具体要求细则见班级规则，此略）	细节自评 （列出改进重点）	月 评 （请家长结合月要求和改进重点用文字评价）
三 月	三月重点一： 放学按时回家		
	三月重点二： 自觉完成作业		
四 月	四月重点一： 行为文雅有礼		
	四月重点二： 讲究个人卫生		

续表

月 份	归训细则 （具体要求细则见班级规则，此略）	细节自评 （列出改进重点）	月 评 （请家长结合月要求和改进重点用文字评价）
五 月	五月重点一： 注意个人形象		
	五月重点二： 注重情感沟通		
六 月	六月重点一： 丰富业余生活		
	六月重点二： 关心父母亲人		
学期自我 总 结	本学期最大的收获		
家长寄语	孩子下学期习惯养成建议		

当然，这种家校评价方式只是沟通手段之一，工作中教师尽量设法建立全方位、立体式家校沟通网络，除了传统的家访、家长会等形式外，还可以充分发挥现代交流手段的作用，比如建立班级博客、创建家长QQ群、开通校讯通等，如此便捷的现代手段对于在城市中奔波的家长而言，都是不错的选择。以下是一位家长给我的几则校讯通信息，由此可见一斑。

近段时间感觉小伟有明显进步，大了，懂事了，也知道体贴人了。对于孩子的每一点进步，非常感谢王老师的鼓励。每开一次家长会我都能从王老师那得到很多教育孩子的方法，学会了赏识孩子，学会了……用了以后还真管用。我自己是做管理的，深深知道现在的学生情商教育要比智商教育重要得多，所以非常希望老师在班内给小伟多安排一些任务，加强他的责任心和自信心，让他在班内得到锻炼以后，走向学校活动，走向社会活动。现在的孩子很多是独生子女，与人沟通、交往能力普遍较差，加上家长又忙于工作，孩子更加孤单，所以希望老师多安排一些课外活动，让孤独的孩子多一些游戏和玩耍的机会，让他们在游戏和玩耍中提高情商。（10月15日）

小伟的演讲稿我看了，写得挺好，谢谢王老师。看得出孩子挺积极，但自信心好像不足，还请王老师多给他鼓励，我的鼓励效果不大，他觉得母亲都是在夸大孩子的优点（他是个低调保守的孩子）。关于安排班级课外活动的事，知道老师兼顾工作和家庭的责任，没有过多的时间和精力。其实可以利用家长的力量，同时锻炼孩子的组织能力。家长们为了孩子，很愿意投入时间、精力和金钱，本来家长周末就是陪孩子，所以您只要找个机会让有意愿的家长互相认识一下，剩下的就是我们家长的事了。家长就是想通过这样的机会，让孩子们多一些户外活动，更主要的是看孩子如何待人接物，并加以引导。再次感谢王老师就竞选一事对孩子的赏识，今晚我们俩一定努力准备功课，相信他一定能够成功。（10月28日）

这几天出差，很高兴孩子竞选得了第二名，其实名次不重要，重在参与，孩子参与的过程就是一个很好的锻炼机会。很高兴老师和同学如此器重他，给他这个机会。孩子觉得竞选校长小助理有些"麻烦"，希望老师多多引导，我也会为他打气加油。

另外，小伟有一个特长，他有满肚子的笑话和脑筋急转弯，我曾经建议他每天午休后给全班同学说个小笑话，一来让同学们醒醒神，下午有精神上课，二来也培养孩子们的幽默感，小伟只是抛砖引玉，以后让每个孩子都参与进来，锻炼孩子们的胆量和语言表达能力。这些小活动让老师您的小助理来组织，再让小助理安排小伟来说，就可以了。我们两个大人面对一个孩子有时都觉得力不从心，您要面对那么多孩子，还有自己的孩子和家务，所以我特能理解老师的辛苦，特别是班主任老师，千万别累坏了

身体。保重！（11月7日）

　　这些温暖而智慧的文字，给了我动力和信心。对于家长的留言我都会认真回复。"孤掌难鸣"，教育更是这样，它需要家长和老师、学校与家庭等多方面的配合，才能更好地达成预期的教育目标，必要的、及时的沟通少不了。这能增进彼此的理解，家长的合理化建议还能促进我们的工作。事实证明，凡是家长与教师之间经常互通信息的学生，进步更明显，自信心更强。上文的小伟就是个典型的例子。

　　当然，我们面对的是来自各个阶层的家长群体，不要期望每位家长都能够像这位家长一样可以与我们深度互动。交往中我们要善于始终保持一份平和的心境，接纳各个层次的家长以及来自家长的各方面的信息，然后再进行去伪存真的辨别处理，及时给予引领性反馈。哪怕一张简单的便签，抑或一张真诚的汇报与商讨函，都可以拉近家长与老师的心理距离。

　　家长一旦从心底认同你的做法，感受到你对孩子的关爱以及对他的理解，他会发自内心地敬重你并支持班级工作。而家长对教师和班级管理方式的认同，也会直接投射到学生的思想中和家长对学生的教育中，有利于班级活动的开展，有助于规训目标的达成。

二、自评与互评相结合，促进学生用接纳、辩证的眼光认识自己和他人

　　道德的形成是社会教化和个人内化相结合的过程。要想使规则内化为学生的自动化习惯直至形成品德，离不开自律与他律相结合的规训引导。因此，根据学生的年龄特点，构建一种自律和他律相结合的评价方式十分关键。

　　工作中，我通过让学生对自己在班级日常规训中的表现进行自我评价，以及结合班级阶段性目标确立个人阶段性改进重点，引导学生加强自我认识，在评价中培养自我反思意识；同时，引入同学互评机制，让学生站在他者的角度学会公正、客观地判断，参与管理，形成他律约束机制。评价重点在于引导学生认同规则进而自觉遵守，促进规则的内化。

以作业评价为例：同学评价和学生自我评价主要是针对前后作业态度的比较，比如书写是否认真，字迹工整与否，有错是否及时订正；尤其是听读作业，通过同学互查的方式，起到监督与反馈的作用。再通过小结评语等形式，互评中表达出对同学的肯定与真诚建议，个人则结合目标反思式自评，在自我对照中加强对规则的认同以及行动反思，增强对规则的内化。

规则的内化需要学生对规则认同，内心建立起自己的规则。而这种内部控制的建立需要外界的介入式提醒和督导。因此在多元评价中，还需探讨如何构建人人参与班级管理与评价的管理模式，"小组互评"是笔者近年来推行的班级评价的重要方式。在小组互助式评价中，对子小组双方开展竞赛，根据相应的评价项目相互评价，每个组员都承担着相应的评价任务，同时也接受着对方的评价和监督。评价项目公开，双方可以及时比对、取长补短。

评价中，有意淡化评比结果，以培养学生良性竞争意识，培养向他人学习的心态。我设计了"小组评比礼物互赠活动"，暂时落后的小组向优胜的对子组送小礼物时，要真诚地看着对方的眼睛，送上一句真诚的赞美，赢家也要积极回应，恰当地表示谢意并说出对方的一个优点。为了保证赞美发自内心，在仪式之前抽出专门的时间让各自小组开展给对方小组"找优点"的活动，每人至少找到一条对子小组中值得自己小组借鉴学习的优点备用。

学生们在这种氛围的感召下，不仅逐步学会了评价他人，欣赏他人，学会了倾听，学会了赞美，学会了用欣赏的眼光看待他人，学会了用赞赏的眼光看待同学的回答，同时也增强了他们对自我评价的信心，学会了客观地认识自我。激励机制的引进，让学生体验到的是被他人认可的幸福，老师、家长和同学对他的信任与期待，不仅化作了动力，也体现出一种约束，会促使他们更加自律，做一个更好的自己，从而促进规则的内化。

"小组捆绑式评价"评比，在某种程度上起到制衡作用，各项评比是公开的，各小组可及时查看、随时反馈、及时矫正，促进了组内自我管理意识的强化，确保了每名学生都有"赢"的机会，"输"了也有弥补的机会。

因此，每月的评比每个对子组之间的差距都不会太大，在"拉锯"式竞争中彼此都得到了提高。

> **典型案例**

学生的创意评价让班级更温暖

相信很多"老班"一定也有这样的感受：带一个班久了，常规工作变得顺畅的同时也易于陷入俗套，而同样或者类似的方法在一个班运用得久了，孩子们也会感到乏味，班级评价亦如此。近年来由于我一直"跟班上"，所以也一直在努力改进班级评价机制。我关注到了激励性、正向性和免伤害性，也尝试了多种创新方式，比如班级绿卡、奖励支票、对子组评价、小组名片、感动班级人物的颁奖词和照片式奖状等，但是总觉得还是老师策划得多，到底是不是学生最需要的呢？2015年秋季，我在带了三年的班级（当时已经五年级了）尝试进行评价改革。

记得那是开学第一周的周五，我在班级下发了"班级管理新规征询意见表"，并且向孩子们表明了我的态度——希望以一种他们喜欢的方式，进行激励性评价，让每个人补充小组管理细则和个人考核项目，同时写出自己喜欢的评价方式：做得好的时候希望得到什么样的奖励，做得不好时需要什么样的制度规约和提醒。孩子们的奖惩意愿反馈让我忍俊不禁，各种策略充满了游戏精神。奖励分两类：免罚单或一次免做某项作业的机会、愿望支票。

惩罚类就更好玩了。比如：给组员或班级同学买零食，让大家享受零食大餐，而自己只能可怜巴巴地看着咽口水；为班级同学倒水（直饮机里取水）；为班级买一盆小绿植；表演一个小节目，把全班同学全部逗笑为止；作富有趣味而深刻的小演讲；立于教室门口向所有进教室的同学和老师行鞠躬礼问好……

没有孩子不喜欢游戏的，孩子们期待用游戏的方式来进行班级奖惩评价。我虽然一直关注评价方式和内容的变化，但从未想到让评价充满游戏精神，孩子们的建议给我打开了另外一扇窗。我把孩子们的意见综合在一起，召开班会讨论如何把班级前期的评价方式与他们所喜欢的方式融合起来。经过商议，我们借鉴阅读存折和道德银行的部分评价策略，更新班级绿卡的使用方式，发挥存折和支票的双向功能，对日常行为表现进行"存取与支出"等记录，奖惩策略参照孩子们自己喜欢的系列方式。后来我们讨论出以班级吉尼斯纪录为突破口，设立个人吉尼斯纪录、小组吉尼斯纪录，改变过去简单的梯级目标考评方式，凸显个人和小组的特长与优势。

这一体现游戏精神、具有"跨界融合"意味的班级评价方式完全是和学生讨论的结果！当学生充分感受到班主任发自内心的对他们意愿的尊重时，孩子们的能动性和创造性就被进一步激发出来。

所以，在五年级和六年级这两年里，这个班不断涌现出各种好玩的评价方式：2016年春季，我们在班内推出了"隐形天使"活动，进行了三轮（即三个月），即每名同学在开学初列出春季自己要着力改掉的一两个小缺点，同时写出特别想得到哪方面的帮助，然后放在心愿包（由于是春季开学即试行的，我们沿用的是红包）里，由同学们随机抽取，抽到谁的就是谁的"隐形天使"。每周需要对自己的"小主人"至少作一次提醒，一个月揭晓一次，要保证在这一个月内不被"小主人"发现自己的温暖提醒和鼓励。月底揭晓后，二人可以讲讲彼此的感受，然后由"小主人"将之前准备好的小礼物送给自己的"隐形天使"，"隐形天使"也会将这个月看到的"小主人"的行为表现以"天使絮语"（即总结和下阶段的目标）的形式写在自制的精致卡片上，作为礼物回赠。

这种创意评价让班级里充满了温情。每个人都怀着良善的心悄悄地关注并暗中帮助着另外一名同学，每个人又同时感受着来自别人的关心。而且这是一种游戏，还要很保密，让大家都充满了期待。作为班主任的我，也加入到了"隐形天使"的活动中，我也是一个孩子的"隐形天使"，同时也拥有一个"隐形天使"。可是，有意思的是，我经常在办公桌或备课本里收到不同字体、不同要求的提醒或温馨小礼物。一个月后我才知道，有孩子知道了我的"心语心愿"后，就结伴轮流给我送"天使絮语"，而且很多孩子也发现自己收到了多种方式的提醒纸条，有时在文具盒里，有时在本子里，有时在书包里，有时在抽屉里，但同一个特点就是"从天而降"。原来，为了相互迷惑不至于暴露，有的孩子故意装作与另外的同学亲近，对"小主人"之外的同学格外关照。

整个班级充满了"神秘而温暖"的气氛，由此，同学们也开始变得格外细腻，更愿意留意对方的表现，也更注意自己的言行……

一切都那样美好。这样的美好一直持续了半个学期，到了六年级下学期，同学们就又转入毕业纪念册的制定、书写，各种纪念品的制作和传递中。班级常规基本不需要再用什么"制约"了，谁违反了规则，谁就自觉改正，且选择一种自己喜欢的"惩罚"方式，自觉在班级"自我惩罚"。由于依然是小组管理制，个别自觉性差一些的孩子，也在组员的相互提醒下，自觉去规约。

有一段时间，我曾担心这种"评价无为"状态会不会出问题，过了几个月，我发现大家都过着自我勉励、相互包容的无需外在强加提醒的自适生活，都对班级充满了依恋之情，相互之间充满了温情和善意。最后该班学生以学科成绩年级第一、运动会成绩年级第一、月月校级文明班级等各种荣誉结束了他们的小学生活。同时也以一场自编自导的四个小时的毕业晚会告别家长、同学和老师，纪念彼此在一起的日子；用共同封存的心愿瓶，许下了六年之约：六年后，他们高中毕业之时，会回到原来的教室，来一场联欢！期待着！

这种经由创意评价带来的美好班级生活，让生活其中的每个人都充满了怀念！

想念那段岁月，想念那班孩子的时候，我就会看看我们的心愿瓶包装箱，计算着下一次见面的日子……

> 温馨贴士

让评价成为学生成长之旅中的灯塔

教育真正的成功是学生的自我管理、自我完善。班级评价的目的是促进全体学生全面和谐地发展，促进班级学生和老师在班级日常生活系列活动的组织和反思重建中，获得成长，进而形成和谐向上的班级氛围。

具体到不同班级里的不同学生的不同发展阶段，我们应尽量发挥多种评价工具的优势，灵活机动地选择不同的评价工具，给学生提供更多的丰富多彩的展示机会，使每个孩子都在最近发展区内向前迈进，使每名学生在评价中能够获得更多的自信和自律。

在具体实施中，我们要把握好日常评价与集中评价的关系，把握好个体成长与班级群体成长的关系，把握好在校与在家行为要求的一致性和协同性。我们在关注动态生成的资源、即时调整的同时，还要善于把握某一时段内比较集中的教育主题，确保学生在班级建设发展中得到持续的关注，并让学生在参与自我评价和相互评价中，进一步明确自己的发展方向，积极参与到班级生活中，获得综合性成长。

总之，我们要一起探索，让评价成为孩子们成长的动力，而不是简单地评判与处罚；使评价成为学生努力的方向，而不是行为的束缚；使家长参与评价，让评价引导学生学会更好地生活；与学生一起设计评价内容和方式，让评价变得温情而美好，成为孩子们成长之旅中的一盏灯、一束光、一段美好的回忆。

第十章
家校合作：
从浅层信息互通到多维互动发展

CHAPTER 10
从班级到成长共同体

共同体

不一样的带班策略

提及家校合作，我们一方面为各种和谐沟通、心向一致心生感恩的同时，是否也会因为某些"不合作"或者"沟通效果不理想"而心生烦恼？

曾经，家校合作大多聚焦在对孩子的个体要求上，我们希望家长协助我们共同强化孩子某些习惯的养成。现在我们更希望家校之间能有更深层次的合作，希望家长可以参与班级各类活动的策划、组织和协调；希望家长有终身学习的意识、科学的育儿方法和营造良好的家庭氛围的能力；希望家长能够参与班级特色课程开发，分享智慧、共同成长……

然而，这些都是我们美好的愿景，现实工作中家长的参与热情和参与程度，在不同地域、不同班级呈现出不同生态，共性考验则是：如何激发家长群体的参与热情？如何在系列活动中促进学生、家长和教师（班主任）形成共同信念并获得共同发展？

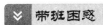
带班困惑

"老班"遇见"新问题"

笔者作为一个有着二十多年班主任经历的"老班"，深感家校合作充满了太多的不确定因素，没有什么可以拿过来直接套用的经验。即便是同一类型的活动，即便我们一如既往地统筹协调，也会发现在不同家长群体的参与下，活动效果往往各异。

因此，每每接手一个新班级，当我面对不同的家长群体，不同的班级现状，总是升起一种从头再来的空无感。如果不迅速调整，应急策略往往收不到预期效果，笔者曾就摔过一次"大跟头"。那是2016年秋季，我又接手一个二年级新班，和当初接手刚刚送走的毕业班时一样，班级学生整体运动能力薄弱。于是，我沿用了上一届班级体育社团活动来推动班级学生的运动习惯养成和能力提升。实施中像上一届一样，有家长教练主导、轮值家长协助，班主任与家长主教练保持随时沟通，调控着活动推进，但从一年后的运动会上孩子们的表现和综合成绩来看，这个班并没有因为体育社团活动而带来本质的改变，在运动会上依然是年级倒数第一。

　　冷静思考：本质原因在于作为班主任的我并没有深度参与此项活动，两届家长教练对学生状态的全方位把握能力和调控能力不同，我用同样的方式获取信息，基于信息的判断自然有太多误读，也因为自己没有深度参与而没有对新一届家长做到深度"建设性指导"，让活动实效大打折扣。

　　这段"惨痛"的经历，留给我太多思考。在家校合作这件事上，班主任的领导者角色在建班初期显得尤为重要，同时要对家长作充分的了解，通过系列班级活动吸引家长的参与，指导家长有方法地参与班级活动，在携手共建班级文化、促进全体学生成长的过程中实现教师和家长的共同成长。

创意策略

"初识"阶段：多渠道促进信息互通

　　人与人之间只有相互理解并相互认可，方能有更深的互动和连接，家长和老师（班主任）之间亦然。家校合作是一种双向、互动的合作，需要家校双方的共同参与。班主任是家校有效合作最重要的推动者，工作中需要把握班级建设节奏，不同阶段与家长合作交流的重点有别，要有层次有梯度地推进。比如，在建班初期，家校双方属于了解期，此阶段的重心是多渠道推动家校信息互通；班级发展阶段，家校双方属于磨合期，此阶段的重心是通过活动引导家长介入，实现有效沟通；班级成熟阶段，家校双方属于共赢期，此阶段的重心则是通过多维度融通式互动，相互滋养，实现学生和班级、家长和教师的共同成长。本小节先谈一谈"初识"阶段的沟通策略。

一、一份问卷,传递真诚,了解家长的教育期待

现在随着"互联网+"时代的发展,很多班主任在接手新班时会通过问卷等形式向家长征询意见,全面了解学生的家庭教育背景及家长的教育期待,这是家校合作的起点。当然,不同地域、不同学段的调查问卷内容会有差异,但是有些共同原则是相通的:

1. 真诚性原则

不论是电子问卷还是纸质问卷,在内容设计上都要体现出教师(班主任)的真诚,设计问卷的目的是全面了解孩子的成长背景及性格等基础信息,便于今后教师给予针对性的关注。要让家长感到一切都是为了全面了解孩子,以便于针对性地设计教育教学活动,促进孩子更好地发展。示例如下:

(1)兴趣特长:如果班级有才艺展示活动,您希望设计哪些类型的活动,以便于您的孩子展示他的特长和发展他的兴趣?

(2)学习基础:在学科学习上,您孩子有哪些优势或在哪些方面需要老师给予特别的关注?

(3)作业习惯:您孩子在家完成作业一般需要多长时间?孩子有哪些好习惯或哪些习惯需要我们共同督促纠正?

2. 边界性原则

第一次的问卷,少不了对学生家庭基本信息的了解,但是一定要把握分寸,把握界限,只为方便今后教育教学,尽量不要涉及家庭隐私。示例如下:

(1)您家距离学校有多远?孩子平时是用什么方式回家?(独自步行、结伴步行、乘坐公共交通工具、家长接送)

(2)您是孩子的父亲还是母亲?平常,是谁较多时间关注孩子的生活和学习?

（3）您平常和孩子比较多的沟通话题是什么？和孩子沟通的效果如何？

3. 征询性原则

在问卷中，一定要设计一些开放式题目，引导家长主动反馈建设性意见。示例：

（1）您比较喜欢哪种与教师（班主任）的沟通方式？您一般在哪些时间段比较方便联系？
（2）在孩子教育方面，您有哪些心得或困惑？
（3）你对学校（班级）发展有哪些好的建议或设想？
（4）您对孩子有哪些期待？您希望班级（老师）做哪些配合？

在设计问卷时，要多站在家长的角度考虑，让家长感受到你这份问卷是为了全面了解孩子的成长信息，为今后教育教学作准备，也让家长感受到尊重和友好。我们深信，任何一位家长对孩子的新任班主任所发出的首次调查函件都会重视的，都希望班主任（老师）能够更多关注自己的孩子。所以，只要问卷内容设计合理，班主任是能很快获得一些基础性信息的，也能给家长留下平和、容易相处的第一印象，为后续的深度交流奠定情感基础。

二、一次"专题交流"，传递关切，了解学生成长背景

家校合作的重要目的是促进孩子更好地成长，在建班初期，可通过与学生的"专题交流"，直接了解孩子对家人、对家庭教育方式的认同度和情感体验。

这里提到的"专题交流"，是指师生之间围绕"学生家庭成长背景"展开的话题交流，交流的方式可以多种多样，不只局限于谈话。比如语文老师比较擅长使用"写作文"的方式，让学生介绍一下"我与我家"；也有老师用"思维导图"的方式，让学生多方面呈现自己的信息，比如家校距

离及上学方式、家里人口、家人陪伴情况等；也有老师用给学生一封信的形式，把想要了解的信息写上去，再由学生"回信"；还有更专业的老师会通过心理学方面的专业知识对学生进行了解……根据学生年龄特点及班主任自身的交流习惯采取学生易于接受的方式，自然能采集到相应信息。

三、一个平台，展示学生班级生活

现在很多班级都有校讯通、QQ 群、微信群，这有助于家长和老师、家长与家长之间的信息互通。这些即时性交流方式很便捷，利于随时沟通。也有班级开通班级公众号，通过发布班级活动起到宣传作用，如果家长没有操作障碍，班级公众号确实是当下大家喜欢的分享方式，只是有技术层面的要求。根据笔者个人经验，班级博客和班级 QQ 群空间在展示班级生活方面更便捷，更利于人人查看与操作。工作中，可以根据不同分享内容选取对应交流渠道，"多管齐下"，让班级生活更加透明化，也让家长有更多全面了解班级生活的机会。

1. 日常要求及时小结分享，尽量条目化

不管是起始年级还是中途接班，每名班主任接手一个新班，对班级生活常规都需要进行理顺，要和学生讨论制定基本生活常规，并且及时小结，指导学生进一步明确怎么做。再通过在班级微信群或 QQ 群发布对应的图片和精练的文字。这个阶段，重点是分享怎么做、基本效果怎么样，让家长看到班级有序生成的过程，让家长放心。

2. 学生特色"作业"或活动表现定期分享，尽量全员化

班主任要尽量发掘每个孩子的闪光点，并通过班级博客或班级 QQ 群空间，各有侧重地推介和点评。这里需要注意的是，在班级公共群里，分享的须是正向的图文"报道"，同时要考虑不同家长群体的感受，最好用整体性、总结性报道，让家长了解事情的原貌，即班级是如何推行的，不同学生的不同表现。总结维度尽量要多元，比如在推介班级运动员时，不能只宣传谁获得了奖项，对所有参加的运动员都要给予不同角度的欣赏性评价；还要反馈非运动员在其他服务岗位上的责任承担情况，让每个孩子都感觉到自己在班里很重要，也让家长感觉到每个孩子都在班主任的视线之

内,都得到了应有的关注。

涉及学生评价及日常行为表现,尽量正向激励,对于需要改进的人和事尽量在公共群里只点现象,不要点名,个别问题私下交流。在初期阶段的信息互动中要注意沟通艺术。

3. 多种方式鼓励家长(学生)分享学生在家表现

实践证明,有些传统家校联系方式有其独特价值,比如家校联系本,如果使用得当,家长和教师在学生家校联系本上适时留言互动,也有助于学生自身感受到被关爱,得到相应方法的指导。再如,有的老师借助的是亲子作业,这样的作业一般适合在周末或假期完成,再通过美篇等形式让每个孩子动手整理自己所参与开展的活动,在班级群进行分享。

值得注意的是,在信息分享阶段,班主任要把握住信息分享、增进了解这一核心原则,尽量少策划需要家长全员参与、高度配合的活动类型。这个缓冲阶段,也有利于班主任发现热心家长群体,为后续班级特色活动推进发现人才。

四、一次"会晤",传递信任和期待

各种网络媒体、间接传递信息媒介为家校信息互通提供了便利,但人与人之间的面对面交流,有各种媒介交流无法比拟的效果。所以,在信息交流中,班主任一定要把握好第一次与家长的直接见面机会,选择好话题切入点做好沟通。笔者定义的"会晤",包括全班性的家长会和家访或其他与家长的"相遇"性面谈。

1. 开好第一次家长会

家长会是既传统又普遍的家校信息传递方式。班主任和科任老师与全体家长面对面交流,较好地保证了双方真实的情感交流和对彼此的直接认识。对于如何开好第一次家长会,坊间有很多"秘籍文",我在这里分享几个小心得:

第一,家长会前要对班级学生有较为全面的了解,要从整体上分析班级情况,比较明晰地向家长传递本学期班级建设重点及背后机理(要浅近和透彻),分析班级时就事论事,不涉及具体学生。

第二，要传递你的基本教育理念和你的带班方略，要让家长看到班级阶段性目标和今后的发展方向。

第三，要提出明确的家校合作愿景，明确告知家长希望通过哪些方面进行多维沟通，在孩子教育上，家长需要做到哪些，形成班级家庭教育基本"公约"。

以上这些，看似班主任有些"独裁"，但这是新接手班级的班主任需要完成的职责所在。毕竟班主任是班级发展蓝图的第一规划人，家长更多的是站在个体角度，形成班级意识需要一定的磨合过程。初级阶段，我认为班主任对班级清晰的定位有助于家校后续的有效合作。

2. 根据学生实际，创造各种非正式场合下的"单独会晤"

可以是家访，可以是电访，也可以是邀请家长校访，还可以借家长接送孩子时随机见面。这些非正式场合下的"会晤"，前提是和家长有过交流，选择大家觉得舒服的合适的方式。初期见面，应以交换意见为原则，切忌从学生某方面表现简单下结论，更要杜绝"问责"家长，要采用轻松的交流方式，让家长感觉到你的真诚与坦诚，以便拉近情感距离。

总之，面对面的交流有助于情感带入，我们的体态语和话题，都在向家长传递着我们的态度和立场，亲和力、真实感是无障碍交流的基础。

"共育"阶段：携手打通内外良循环

家校合作的核心是为了促进学生的全面发展。通过初期了解，班主任对学生有了全面了解，对班级发展有了清晰定位，就自然顺利过渡到"家校共育"阶段。第二阶段，通过活动促进多元互动，努力让家庭—学校（班级）教育目标和步调一致。为了更好地实现家校共育，班主任还需要及时发现家校已存在或潜在的种种"分歧"，通过理性观察、科学判断，采取有效方式及时化解彼此之间的情感隔阂，为家校共育消除障碍。

一、借由班级活动开展，搭建对话新平台

有效的家校合作首先是理念上的融合。班主任可以通过班级特色活动将自己的带班理念传递给家长，同时通过家长的参与情况反馈了解家长的教育思想，寻找共育的最佳结合点。

1. 特色活动传递理念，发现和培育"种子家长"

首先，班主任要制定出清晰的班级发展规划，并根据班级发展目标，确定班级特色活动项目，渗透班级文化建设理念。

（1）根据本班阶段性需要开展特色活动。班主任根据在初级阶段发现的家长群体中的"领导者"，通过某个活动的开展吸引家长参与到班级的发展中。比如要在一个阅读氛围还没形成的班级中推行班级阅读，就组织班级读书会或者小区读书俱乐部等，通过专题性小活动，促进家长与家长之间、家长与教师、家长与学生之间的多元互动，使他们在互动中学会向对方寻求帮助，各自承担起相应的责任。班主任要善于调控活动的全局性发展。

（2）各类特色亲子活动。亲子活动分为日常和阶段性专题活动。比如亲子共读和亲子运动，可以是长期推进的活动；再如寒暑假推行的各类实践性活动，需要家长提供安全保障和社会资源支持。班主任可以通过家长会或问卷访谈等多种形式，向家长阐述亲子特色活动的意义，邀请家长引导孩子创造性地组织实施，并通过美篇等形式实时分享，相互启发，共同成长。

2. 借由班级常规活动，促进家长之间互动合作

多层次的家校活动，有助于吸引不同层次家长的适时参与。要想家长乐于合作，班主任要尊重家长的教育需求，发动学生和家长设计全员性活动，在活动过程中和家长民主协商，传递尊重和信任。

（1）班级家委月轮值制度。为了让每位家长都有机会参与班级事务的处理，不妨推行班级家委月轮值制度。即将家长按学期、月份搭配成几个对应小组，设置轮值组长（可以由家委共同推举），每月核心任务由组长进行协调分工。这样的轮值工作，家长团队之间既有合作又有分工，有单独承担的项目也有需要共同承担的项目，让家长之间因班级事务而临时形成"工作小组"。在各小组工作运行中，班主任摆正自己的位置，根据工作中出现的情况在"幕后"推动，同时也协助解决一些家长内部不便解决的问

题和困难。

（2）常规活动分类邀约或发布"招募令"。班级总有大量常规活动，需要家长的支持与协助，班主任可以根据家长的自身条件，不同活动邀请不同的家长参与。比如户外亲子活动，事前问卷征询家长喜欢的亲子活动方式，然后根据活动开展需要成立几个项目组，每个项目设立项目负责人，再由负责人进行活动组织。再如班级学生才艺展示，邀请家长作为嘉宾或协助装扮教室，督促学生在家排练等。又如班级运动会、文艺汇演、班级义卖等活动，班主任可以通过发布招募令等方式，让家长自愿报名，在报名基础上，班主任再协同核心家委进行任务分工。

无论是特色活动还是常规活动，班主任要引导家长重视活动前期策划、过程参与和事后重建中的角色担当，明白所有平台都是为促进孩子更好地成长，家长的定位是"校内外辅导员""安全保障员""后勤服务员""活动观察员"等辅助性角色，尽量做到不越位也不缺位。

每次活动结束，要和家长、学生共同回顾总结，探讨后续对应性、延伸性活动。在活动规划中，难免有观念的碰撞，遇见不同立场和不同观点，班主任要善于倾听，组织开放式讨论，把握一切基于学生发展这一核心，一切指向学生发展，双方就容易目标一致。

二、科学判断"家校分歧"，有效沟通及时化解

一个班级几十个学生背后是几十个家庭，联结着百余名家长。这个家长群体因不同职业背景、不同生活阅历、不同性格习惯等，对教育的认识不同，对孩子的培养呈现出不同的教育方式，与教师的沟通方式也各有不同。教师需要根据不同的家长类型，采取不同的沟通方式，达到和谐、有效地沟通。同时，班主任要善于从日常工作中，敏锐捕捉家校之间的"教育分歧点"，及时沟通、有效化解。

1. 辨别教育分歧性质，因事而异，有效沟通

总体而言，家长与教师的教育分歧主要体现在教育观念不同、教育方法有差异、教育责任归属不清等问题上。这些分歧都可能在前期班级活动推进中得以显现。如果是个别家长存在某一方面的问题，采用私下交流；

如果是某一类家长有异议，可以针对这一类家长开展小型沙龙研讨；如果班级大部分家长对班级某些活动推进存在"异议"或顾虑，班主任则要认真反思自身问题，通过开诚布公的交流，呈现各自观点，再调整制订出新的方案。

2. 发现家长观念背景差异，区别沟通

常理上讲，没有家长不愿意与教师结成"同盟"，一起更好陪伴孩子成长。生活中，家长和教师之间偶有的"教育分歧"始终存在，究其原因，主要是双方缺乏深层沟通、信息不对称等，彼此了解不全面。对于观念上的"分歧"更要深层沟通，努力让彼此观念达成基本一致。

比如，对于高知家长，因为阅历不同，教育观也可能有别，在某些班级事务上他们持保留意见，恰是引发我们反思的好机会。与这类家长沟通，教师需要保持一种"空杯"心态，虚心听取并采纳他们对班级建设的有效建议；对暂时不能达成一致的意见，则以尊重的方式表示会好好考虑，不急于下结论，通过多渠道间接让家长了解自己的真实意图，同时自己也在积极反思后，对于自己觉得正确的做法，迂回坚持，相信家长也会在更多互动与了解中逐渐理解。即便在某些事情上不能达成共识，也保持开放心态，求同存异。

对于那些进城务工人员、单亲弱势家庭或者遭遇天灾人祸的特殊家庭，班主任则要给予更多关爱和理解，同时适当放低要求，并且尽量给他们提供一些具体可行的家庭教育建议和帮助。对于观念上的差异，班主任则保持平衡心态，允许差异存在，本着对学生负责的态度，努力做到自己能做的那一部分。

"共赢"阶段：品牌共建中同成长

家校共育阶段，也属于家校磨合期，家校合作顺畅是班级发展的中级阶段，要想拾级而上，在此基础上进一步推动班级向深度发展，离不开特色班级文化的深度构建。很多班级常常卡在第二阶段，难以上升到第三阶段。深究原因，是我们忽略了班级发展与我们班主任自身的专业成长和家长自身的个体成长的内在关系。

如何体现出三者的共同成长？华东师范大学李家成教授明确提出："家校关系本身的建立、形成、发展、变化也就意味着实践本身的变化与发展"，"家校关系的质量就体现着学生发展的状态，关系的发展就意味着学生的发展"。如何提升家校合作关系的质量？我认为应在家长心目中树立起家校命运共同体意识，使其从关注自身参与转向关注班级群体参与，从关注个人兴趣点到关注班级发展聚焦点；培植家校学习共同体意识，在分享与吸纳中有效合作，实现共同发展，以此促进三方的互动与成长，实现班级发展的反哺作用。

这是家校合作的理想状态，也是家校合作的高阶，离不开班主任高屋建瓴的决策规划统筹，同样也离不开家长的智慧和热情投入。它作为笔者美好的畅想，仍在初期摸索阶段，没有固定的模式，下面分享几条和几届家长共同创生的经验。

一、创建班级品牌活动，促进理念融通

家校合作的实质性发展有赖于持续而有意义的深层互动性活动链接。一个强大的家校合作共同体，最直接的合作"作品"就是打造一个品牌班级，品牌班级离不开品牌活动的融通发展。以笔者的班级升级版"家长智慧课堂"为例：

当前，众多学校或班级都重视引进家长优势资源，推行家长课堂已蔚然成风。诚然，每位家长的社会职业、生活阅历与自身专长等，是一笔丰富的教育资源，是对学校教育资源的有效补充，是每一位学生身边最宝贵的资源。家长根据自身专业优势走进课堂进行专题讲座，或作为校外辅导员，融通个人社会性资源，带领学生参与社会性实践活动，已成常态。如何让家长群体中蕴含的优势教育资源得以整合，为"班级品牌活动、班级文化发展"助力？

整合家长教育资源需要智慧。要想实现这一目标，班主任必须对家长群体有着比较全面的了解，对家长已有教育资源有个大致了解，更为关键的是，班主任要有明晰的班级发展目标，并把这些目标明确告知家长，让

家长知晓班级的发展脉络。

具体操作中，班主任可以通过家长会或访谈交流等方式，邀请核心家委共同论证，形成操作性方案，让班级目标通过具体的连续性班级特色活动得以实现。家长一旦认同了教师的教育理念和课程建设，纵使他们精力有限，也会积极帮助班级寻求其他教育资源，比如可以邀请身边同事、朋友中的相关专业人士进课堂。

笔者班级的博物启蒙课程就是很好的例证：起初是借由语文学科进行课程开发，以培养学生观察力为出发点。随着学生年龄的增长，从学科观察延伸到自然界内部联系及自然与人之间的关系等综合课程开发，实施方式也从教师、家长主导转变为学生自主探究，加大家庭、社区资源的开发与利用。每个学期各有侧重，不同阶段有不同侧重，家长和班主任作为学生背后的陪伴人，提供资源支持和安全保障，三力合一，在博物启蒙课程开发中共同成长。

二、倡导家长社群，推动学生发展

"社群所指的是在某些边界线、地区或领域内发生作用的一切社会关系。家长社群即广义的家长社会群体，包括特殊孩子的家长自发组织的家长俱乐部、家长互助会等。在现实中，家长小团体通过聚餐、茶会甚至路边的闲谈等形式皆在孕育家长社群的形态。"（李家成、王培颖：《家校合作指导手册》）

当前在日常生活中，家长之间自发组织的各种小群体性活动或交往已是常态。尤其是在"互联网+"时代，网络为家长之间的交往带来了更多便利。作为班主任，可善加引导，在家长自组织的基础上，辅以针对性的"任务驱动"，发挥各种自组织的教育复合型功能，推动更多优势家长社群的建立，通过家长社群活动，提升家长群体的教育智慧，提升班级特色活动质效。

需要注意的是，一切活动都要基于班级学生当前成长的需要，有针对性地开发和延展。比如一个不爱运动的班级，先着力推动体育运动类活动；一个凝聚力还不够强的班级，多设立团结协作类体验式活动课程。班主任需要注意的是，要全面了解和把握序列活动推进动态，尊重来自家长视角和学生视角的情况反馈，及时有效调控，并适时引领活动向着纵深发展。形成总结反思重建机制，让家长、学生包括班主任自身形成自我反观意识，明晰自己成长的方向，明确合力驱动的重要性，为构建"以孩子为中心，学校、老师与家长三力合一"的育人格局，找准适合自己班级实际的切入点，以点带面，综合推进。

笔者曾经参观过台湾嘉义县梅山乡太平国民小学，该校是典型的袖珍型乡村小学，全校当时只有32名学生，但是家校社合作做得非常有成效：充分发挥当地茶山的自然优势，在学校开设茶文化课程，家委会会长带动核心家委直接参与学校茶文化的设计和教学，尤其是采茶、制茶、泡茶等一系列过程的教学与实践，无须家长有多高深的文化知识，他们用自己的实践经验推动学校茶文化课程的实施，并且和学校财经素养课程有机结合。

现在的家长，无论是自身的文化素养，还是其背后蕴含的社会关系等，都蕴含着丰富的教育资源。班主任要根据班级建设和学生成长的需要，发掘家长中蕴含的教育资源优势，开展校内外融合的各种亲子或学习探究类活动，让家长与家长联合起来组织对应的小专题活动。推动家长成为班本课程的开发者和实施者，让家长养成协同其他家长共同开展活动的意识和习惯，这样，一个班级的家长就可以成为一个团队。

"众人拾柴火焰高"。一项活动让某一个家长来负责往往难度大，如果依托家长社群，大家共同承担，分工协作，事情就变得简单而有趣味。带着孩子在家长协同之中深度参与，孩子们也会从成人之间的合作互动中学会与人相处之道。一个班后面是几十个家庭，家长职业和社会关系网络很丰富，积极予以发掘和转化，学生的学习资源就会变得庞大而丰富。

三、复杂问题应对促进"成长"

随着教育格局的打开，班主任沟通协调等综合能力的要求也逐步攀升。在推动家长社群发展过程中，我们也会发现家长社群的另一面就是家长小团体，如果家长小团体传播的不是正能量，所带来的负面影响可想而知。作为班主任，我们要认识到互联网时代，我们根本无法阻止家长群体之间的私下互动交流。面对日益复杂的教育情境,唯有正视这一客观事实的同时,发掘家长各种自组织的积极意义,有意识地积极引导和优化,为家长社群建设奠定好的精神根基。

家长社群的发展基础是家长之间自发形成的小组织。班主任可以通过日常观察,了解到哪些家长平日交往比较多,巧妙地将这些自发的交往活动变得更有教育性。比如针对一些节假日愿意结伴露营的家长群体,建议多一些小主题活动开展,户外活动技能培训和分享;针对结伴旅游的家长群体,引导他们更大程度地让孩子深度参与,开发研学课程;针对同一小区自主互动的家长群体,可推动以小区为单位的"玩伴团"建设、读书会活动等等,以此提升家长自组织的教育性功能的发挥。

这些目标的实现,需要班主任有开阔的胸襟、敏锐的教育眼光和有的放矢的建议。尤其针对家长群体中的不同声音,杜绝先入为主的对立心态,相反,要学会从这些不同声音中发现本质问题,找到新的突破口主动交流,化"干戈为玉帛"。

宋代陈亮的《与吕伯恭正字书》之二中说:"天下事常出于人意料之外,志同道合,便能引其类。"只要大家志同道合,怀着共同的理想,为了共同的事业,朝着共同的目标,携手并肩,便可获得成功,有所成就。班主任还要善于根据家长群体的构成特点,在推动家长已有活动深度开发的同时,根据情况引导创生新的教育性活动,加强高质量亲子活动的开发,让一个个主题系列的家长社群活动从临时走向常态,从部分走向整体。

典型案例

精品活动催生精彩成长

2017年秋季,笔者在经历了本章"带班困惑"中讲述的体育社团出现的"新状况"之后,经过认真分析,发现周末体育社团对于八九岁的孩子而言,需要以"他律"为主的总结评价来引导和激励。其实,自班级社团成立以来,轮值家长们和后来聘请的专业体育教练每次社团活动结束后也有相应总结，但是整体情况总结得多，针对个体参与态度等方面的总结与评价还需要加强，加之班主任深度介入少，对学生实际参与状态把握不够，得到的分管核心家委的反馈信息不够全面，导致看不到问题的真相。这反映出核心家委工作策略及能力搭配等方面的问题，也暴露出需增强学生做事认真、敢于担当的意识等深层问题。

本班的核心家委建设自二年级才逐步开始，侧重整体布局，成立了对应部门，也做了对应分工，表面上各项工作运作有序。但基于体育社团及运动会的情况反馈，笔者看到当下需要调整核心家委的具体分工，同时完善家委间分工协作精细化的管理制度，推动班级日常事务精细化运作。笔者作了如下调整：

首先，召开核心家委会议，以体育社团和运动会的现状为例，共商改进策略，达成基本共识。

与此同时，班主任根据一年来家委工作状况，重新物色班级核心项目的负责家长，并私下交流，共同分析对应项目的改进策略。

其次，打造"精品"节目彰显每月轮值家委风范。恰逢12月有新年晚会和家长会，经商议，把迎新晚会与班级共读结合起来，以共读《木偶奇遇记》为基础，排练一场全班参与的童话剧，在家长会上演出。

这个任务高度考验着轮值家委之间的分工合作及统筹协调：一台指定内容的童话剧，全班同学参与，需要量身定做剧本，考验着智慧；时间紧，除表演当天彩排外，均不占用正常上课时间，真正排练时间只有三个周末加三个周五放学后的时间，考验着统筹；事情多，角色分工、道具准备、音像准备等，考验着耐心。

虽然任务艰巨，但大家非常出色地完成了任务。

活力四班《木偶奇遇记》童话剧演职人员名单及分工名单

总 导 演：张昌武、廖远哲、王怀玉。

副 导 演：李涵博妈妈、黄千艾妈妈。

统　　筹：林彦希妈妈、周玉格妈妈、许育铭妈妈。

编　　剧：廖远哲。

录音、音效、配乐：张昌武。

服装道具：胡倩涵妈妈、邓子昊妈妈负责演出现场所有服装的分配、道具的准备。

剧　　务：张锴鑫妈妈、缑雨鑫妈妈负责演出现场演员候场的秩序维护。何文熙妈妈负责配合演出背景的更换和上下场录音的更换。

化妆造型：张馨仪妈妈、吴林轩妈妈、黄千艾妈妈负责主要演员的面部彩妆。

周玉格妈妈、许育铭妈妈负责其他演员的普通化妆。

摄　　像：陈君然爸爸（全程摄像）。

拍　　摄：陈致和妈妈，主要负责演出当天台前的各种拍摄。

方嘉怡妈妈，主要负责演出当天幕后准备的各种拍摄。

二位妈妈记住，表演结束后拍集体照留念。

公号编辑：林彦希妈妈。

此剧现场展示，孩子们落落大方、得体的精彩演出，赢得了全体家长经久不息的掌声，很多家长热泪盈眶。20天，在6名家长的策划、推动下，孩子们如此精彩地演绎童话剧，全体家长见证了孩子们在童话剧中各种能力的发展：语言及肢体动作传神表达的能力、各角色之间的默契配合、遇到临时问题时的机智应对等。这让家长们感受到了孩子的成长是多元的，需要多元的环境去促进。

我趁热打铁，在演出结束后、家长会开始之前，精要回顾整台剧背后的故事：有孕在身的组长妈妈的全局统筹及过程跟踪推进，各位家长之间的默契配合（既有明确分工，又有亲密合作）；为了整台童话剧的完美呈现，轮值家长们无私共享所有可以调配的资源；追求效率更追求质量，整台剧中每个小演员的动作细节、服饰搭配、化妆打扮，均精益求精。

孩子们这次难得的锻炼经历离不开12月轮值家长们对活动的全程架构与倾情投入，他们对活动的高标准及精细化筹划为今后轮值家委推进专题活动定下了工作标准基调。

借由此童话剧开启新学期家长会，家长们见证了12月轮值家委的用心及孩子们活动期间的快乐和得到的独特锻炼。

家长会上，明确了核心家委项目负责制与轮值家委负责月工作的双轨运行机制，各家委按照工作目标各自把握节奏。与此同时，班主任将阶段性工作重心转到学生规则意识、自我超越等内在品质的培养上。以运动项目为突破口，以体育社区为抓手，多管齐下，家校携手，以促进学生自主运动意识和自我超越意识的发展。

第一，班级召开班会，让学生自我分析三年来运动会上自己的表现及班级现状，并提出可行性建议。

第二，成立班级运动项目组，由三名家长负责，分别从班级特色运动项目、日常体育运动和体育社团三个层面交叉融合推进，为每个孩子建立基础性数据档案，每周对孩子各种状态下的表现进行数据及态度双向总结，因人而异，提出下一步目标。

第三，发起PB自我超越奖，每周班级组织学生自我总结，并学习参考家长的总结反馈。除了体育社团活动外，学生自发成立运动小组，相互鼓励，相互提醒，相互发现对方的进步，每周在班内分享。结合制定的奖励规则，班级隆重颁发各类奖项，并张榜公布。

在家长、班主任和学生的共同参与之下，在精神鼓励与目标激励的促进下，班级运动风气越来越浓，班级学生持续45分钟长跑人均达到6公里，且大部分同学越来越轻松。孩子们课间及周末自发组织的各类游戏或运动小项目更是开展得如火如荼。

核心家委在策划班级活动时，也显得越来越精细和全面，学生的主动性也越来越强。我们有理由相信，这个良好的开端会带来更精彩的未来！

追求复杂思维视野下的多维发展

"学校教育是综合的，家长对学校教育的介入，应该是全面的；家庭生活的内容也是具体综合的，教师应综合性地影响孩子的家庭生活。这就意味着家校间的'合作'不能只停留在学业成绩、生活习惯上，也不能停留在任何一个具体领域或维度上。完整的人的生成，需要完整的生活，需要完整的家校合作。"（李家成、王培颖：《家校合作指导手册》）这段话非常深刻地揭示了家校合作需要放在多维度视角下综合考量和推进，家校合作内容不能仅仅局限在学业成绩和生活习惯上。沟通方式也应从"互访""家长会"等正式场合延伸到一切可以利用或者说有意创造的各种非正式场合下的随机交流，辅以各种平台互动式的间接交流，再加上活动互动中的多维了解等。

除此之外，我们对新时期的家校合作，还需要从共同成长的角度去定位。当家长和教师（班主任）从心底认识到高质量的家校合作有助于彼此的成长，彼此的成长又能促进学生（孩子）更好地成长，相信双方就会有更多的热情和精力投入到家校合作中，会自觉反思并主动完善自己的教育方式、沟通方式，提升自我；会把对方当成伙伴儿，当成学习对象，以欣赏、理解的眼光，走近彼此；会跳出具体的人和事的局限，以更豁达的胸怀、更开阔的视野，从个体视角转向班级全体学生的发展视角，为促进班级发展，作出更多努力！

如此，家校成长共同体、学习共同体的生成就为期不远了。

后记

有梦自有远方

六年前的年末，当我收到第三本小书清样时，我暗暗对自己说：此本出版后，我要"封笔"至少五年，给自己一段沉潜、沉淀的岁月。两年前某个明媚的秋日，我收到了大夏书系卢风保编辑的新书邀约，我既欣喜又惴惴。班主任工作领域的书这些年已经相当丰富了，我能写出一本什么样的书，在这个领域里发出一点属于自己的同时也属于这个领域的新的声音？

正好那一年我刚刚送走一届毕业班（那是我带了五年的班级），在班级建设上有一些突破性尝试，学生的成长状态也非常让我为之自豪，我正着手梳理其中关于"班级共同体建设"的系列做法，拟在新的班级继续推行、改进。"班级共同体"是我近几年对班级发展的新定位，也是多年来对班级建设终极目标深思的结果——我们要把班级带向何方？班级学生及与班级相关联的人（教师、家长等）之间到底应该建立起一种怎样的交往生态，才能相互滋养、互为成就？

当我把有关"班级共同体建设"的思考和实践分享给卢编辑的时候，他马上给予高度肯定，认为这样的班级建设是常规建设的"升级版"，具有成就卓越（品牌）班级的特质，很有现实指导意义。他建议我就以"班级共同体建设"为主题梳理自己的真实思考和创意做法。自己的感性认识和粗浅做法得到肯定，让我备感欣喜，也信心大增。我迅速拿出了全书的基本框架，并且很顺畅地写出了样张，书的体例也愈加明晰。

一切好像都在顺利地进行着，但这仅仅只是一个美好的开始。后来具体到每个章节的写作的时候，我发现本书不像我过去写《小学班级特色活动设计与指导》和《小学家校沟通的艺术》那样，全书围绕一个大主题，本书每一章都是一个独立的"主题"，都需要"自成体系"。虽然每一章所涉及的主题都是班级日常具体工作，但在实践中我也只做了相关的零星创新尝试，尚未形成完整序列。要在一个新的立意之下独立成章，务必要把每个主题的既有事理理明，进而再通过具体做法印证所提出的"共同体建设"这一理念的价值。否则，不是自说自话就是难以自圆其说。

这真是一个"痛苦"的炼狱过程！我仿佛给自己"挖"了个坑，跳进去难以爬出来。写作期间，我曾经"弱弱地想"，干吗要如此这般"自找苦吃"？写一本创意策略集不就不用如此"为难"自己了吗？可是，既然定位至此，既然认定"共同体建设"是新型班级建设的模样，我怎能将理念梳理过程简化成一本"活动案例集"？！一不做二不休。

写作过程，同时也变成了主题阅读的过程。每进入一章的写作，我都会再回看全书提纲，然后暂时"屏蔽"其他章节的相关主题，钻进此章节对应的"此片森林"，先把自己的零星思考之"树木"罗列出来，再搜罗相应主题的文献资料，做追根溯源的工作。这个过程中我体验到了求索的百般滋味："班级共同体"虽不是一个全新的话题，但在当前理论界尚未形成完整的思想体系，很多观点"散落"在某些理论著作的某些章节里；一线实践经验亦是如此，很难找到一篇系统叙述该主题的文章。所以，阅读的过程也是寻寻觅觅的过程。就这样，断断续续两年，加上两个寒暑假的相对集中读写改，我终于于2018年暑期完成了全书十章的写作。后来在卢编辑的指导下，我又用半年时间对书稿进行了修改与打磨。

2018年圣诞节前夜，收到了全书清样。在这个特殊的时间节点里，捧着两年多写就的200多页的新书稿，百感交集。感谢命运的眷顾，自己总能在人生的某些节点上遇见扶持我、帮助我的贵人，让我这一路走来，虽然不是一帆风顺，但也总能在某个艰难的时刻"逢凶化吉""柳暗花明"！我感恩自己所拥有的一切：健康的身心、幸福的家庭、和善的同事、成长的机遇……我珍惜这一切！感谢我的家人、亲人、朋友，我的恩师、同事、伙伴儿，在我追梦的路上，是你们给我关心、帮助和激励！是你们给我保障、信心和力量！

我始终没忘记，九年前的圣诞节，我因意外摔伤躺在手术台上，在心底对自己所说的话：只要活着，就有希望；只要能动，就不放弃梦想！幸运的是，命运待我不薄，术后恢复如初。度过一劫，灵魂似乎也得到了"超度"。我珍惜新的每一天，珍惜遇见的每一个人，自然包括我心爱的每一名学生。

我是一名班主任，我喜欢做班主任，更愿意通过自己的努力、自己的提高，和家长们、同事们、孩子们携手创建更有助于孩子们成长的幸福班级！这部书稿里的所做所思，均是缘自我心灵深处这份美好的愿望而作出的努力。由于才疏学浅，当前呈现出的内容和想表达的思想还很不成熟，敬请各位遇见这本书的读者帮我提出宝贵的建议，我将从中汲取前进的力量，朝向更美好的班级生活、更美好的自己，继续努力！

王怀玉
2019 年 1 月 21 日